Zeit aus dem Eis

AUTONOME PROVINZ BOZEN SÜDTIROL
PROVINCIA AUTONOMA DI BOLZANO ALTO ADIGE
Deutsche Kultur

Die Drucklegung dieses Buches wurde ermöglicht durch
die Südtiroler Landesregierung / Abteilung Deutsche Kultur.

SEBASTIAN MARSEILER | FRANZ HALLER

Zeit aus dem Eis

GLETSCHER GEBEN GESCHICHTE FREI

ATHESIA VERLAG

Leutnant Haller: „Hohe Eisrinne Ortler."

Inhalt

9

ZEIT AUS DEM EIS

Zeit aus dem Eis

In den Neunzigern des vorigen Jahrhunderts fingen die Gletscher an, mit gesteigerter Geschwindigkeit und fürs Auge sichtbar wegzuschmelzen. Die Folge war, dass im Ortlergebiet die alten Stellungen, Baracken wieder zum Vorschein kamen, nachdem sie über achtzig Jahre unter Schnee und Eis verborgen gewesen waren. Was bis dahin nur in Erzählungen, Anekdoten und Sonntagsreden bei Schützenaufmärschen über die Ortlerfront bekannt war, wurde plötzlich greifbar, trat als wiederauferstandene Realität in den Blickpunkt der Gegenwart. Auch hatte sich die Haltung zu den Geschehnissen des Ersten Weltkrieges in den Köpfen der einstmals kritischen und rebellischen Nachkriegsgeneration gewendet. Hatten sie bis dahin die Erinnerung an den Ersten Weltkrieg in den Bergen als politisch verbrämte Heimattümelei abgetan, wurden sie nun neugierig und begannen, einen ganz neuen Blick auf die Geschehnisse zu werfen. Wenig anders erging es dem Verfasser. Wie haben es die da oben nur ausgehalten, sommers wie winters auf Höhen zwischen zwei- und fast viertausend Metern? Das Menschliche, der unvorstellbare Alltag des Krieges, die unsäglichen Lebensbedingungen in Eis und Kälte, Sturm und Blitzschlag rückten in den Fokus.

Die Ostflanke der Königspitze 1917. Heute eisfrei.

Eine der drei Kanonen auf dem Langenferner, bevor sie vor einigen Jahren aufgerichtet wurden.
Beutegeschütz beim Durchbruch von Karfreit-Caporetto 1917.

ERSTARRTE ZEIT

Es ist ein sonderbares Gefühl, eine gerade erst aus dem Eis aufgetauchte Baracke auf über 3000 Meter Meereshöhe zu betreten. Diese Zeit aus dem Eis, über viele Jahrzehnte erstarrt, springt einem plötzlich vehement ins Gesicht. Geruchlich als Erstes. Es riecht penetrant nach Dachpappe, irgendwie nach Schmieröl, abgestandener Luft, alten Kleidern. Von irgendwoher kommt penetranter Gestank nach menschlichen Exkrementen. (Nicht weit weg also die Latrine, aber auch sie musste vor feindlichem Beschuss sicher sein. Oft war sie nichts anderes als ein Donnerbalken über einer Eisspalte.) Verschlissene Decken, teilweise in den faltigen Aufwürfen noch gefroren, am Eingang. Vorsicht ist geboten, hin und wieder wurden von den abziehenden Soldaten an jenem schicksalhaften 3. November 1918 entsicherte Handgranaten darunter versteckt als Fallen für die anrückenden Sieger. Rudimentäre Bettgestelle, deren Strohsäcke mit hervorquellender Holzwolle gefüllt sind. Die Wände austapeziert mit Ansichtskarten vom Hinterland, die meisten Motive Alpenrosen, *wir hoffen, dass es dir gut geht, das Heu haben wir eingebracht*. Eine Ansichtskarte ist im Gedächtnis geblieben: Sie zeigte einen feisten Dorfgendarm in Uniform – ein Hohn für die Soldaten hier oben, die ab dem zweiten Kriegsjahr nicht mehr genug zum Essen hatten. Die Spalten zwischen den Wandbrettern sind zugestopft mit Moos, manchmal mit Korken isoliert. Es ist, als würde man eine Zeitmaschine betreten: Das längst vergangene Gestern wird unmittelbare Gegenwart. Auf dem rudimentären Tisch liegt eine Zeitung, pitschnass aufgetaut vom 22. Oktober 1918, die letzte wohl, die heraufkam, eine ungarische Illustrierte, Schneeüberschuhe und Zivilkleidung auf dem Boden, ein mehrmals unbeholfen geflickter Fäustling mit Katzenfell gefüttert, Gewehrmunition, zwei Kisten Stielhandgranaten unter den Pritschen. Ein kleiner Eisenofen in der Ecke, die Wand dahinter verkohlt. Und dann: Ofenrohre und nochmals Ofenrohre. Zusammengefügt würden sie mehrere Meter Länge ausmachen. Säuberlich aufgereiht hängen fünf Konservenschlüssel auf einem Nagel. (Manchmal kamen die Konserven halb gefroren an und die ausgehungerten Soldaten haben sie dann ausgelutscht.) Unter den Stelzen einer Baracke rostige Dosen, wenig Knochen, an einem glaubt man, noch etwas wie vertrocknete Fleischreste zu erkennen. So ähnlich sähen die Soldatenleichen aus, die der Gletscher ausspeit, weiß der Bergführer, die Haut auf den Knochen getrocknet wie Leder, oft auch seifig, die Augenhöhlen leer, aber die hageren Gesichtszüge auf den Gesichtern noch erkenntlich.

Kleine Baracke für die Feldwache mit Blick auf die Vedretta di Campo (oben). Und was der Gletscher so ausspeit (unten).

Auge in Auge mit Tod und Vergangenheit. Am Piz Giumella tauten 2004 die Gletschermumien von drei Kaiserschützen auf.

Schützengraben am Campopass/Hinterer Madatsch 1994 (oben links). Munition für den Mannlicher Stutzen (oben rechts). Als hätte man die jungen Zirben erst gestern geschlagen. Hütte am Cevedale in den Neunzigern (unten).

Haufenweise Granaten ohne Treibmittel, aber mit rudimentärem schraubenartigen Zeitzünder.
Nähe Eisseepass.

Befestigungsreste Hochjochgrat: Der kleine Bretterverschlag bot ein wenig Schutz für die Feldwache.

RASCHE ERNÜCHTERUNG

Man setzt sich hin, schaut sich um in dieser Einöde über dreitausend. Versucht, sich heranzutasten an diese verrückte Welt von einst. Wie haben sie das ausgehalten? Wie kam es überhaupt dazu? Erzähltes und Angelesenes schwirrt durch den Kopf. Bilder steigen auf. Der 15-jährige Josef Platzer hütet die Ziegen oberhalb von Stilfs, es ist Nachmittag, die Ziegen dösen wiederkäuend im Schatten. Plötzlich Glockengeläute. Wie? Heute ist ja kein Feiertag. Er sieht Männer rennen, aber nicht in die Kirche, sondern ins Gasthaus. Einer läuft mit einer Trommel herum. Am Abend erfährt er: Es ist Krieg! Im Gasthaus geht es immer noch hoch her.

Ähnliches spielt sich in Laas ab. Viele Jahre später sprechen Anna, Jula und Miodl Tappeiner über ihre Erinnerungen. Sie kamen noch vor der Marendzeit vom Kreuzacker heim. Die Straße voller Menschen, wie noch nie. Die Männer mit geröteten Gesichtern und betrunken, weinend die Frauen mit ihren Kindern. Alles bewegt sich Richtung Bahnhof. Dort wartet der Zug mit Viehwaggons, vollgepfercht mit Zugestiegenen von Mals herab. Die Musik spielt ein letztes Mal, der eine und andre übergibt sein Instrument dem Nebenmann und drängt sich in die Enge des Viehwaggons. Zu Weihnachten seien sie wieder daheim, lachen die Jungen. An einem Stadeltor an der Hauptstraße prangt das Plakat des alten Kaisers: „An meine Völker ..." Kriegsbegeisterung? Ja, schon. Aber eine Dirn habe still in sich hineingeweint. Es war

Am Ortlervorgipfel

Sommer, das Korn noch nicht eingeführt, viel Arbeit und die kräftigen jungen Männer weg.

Überhaupt: Wer hat die Frauen gefragt? Die haben sich umgeschaut und haben den besorgten Blick schweifen lassen über die Felder, sie dachten mit Schrecken an die viele Arbeit in einem Bauernjahr, die Schwangeren werden die Hände um den Bauch geschlagen haben: Was ist, wenn's *Poppele* kommt, ist er dann zurück, mein Mann?

Die Schilderung wie die aus Laas ist wie ein Schlaglicht, das den Krieg in einer ganz anderen Sicht und gerade in der Schlichtheit des Geschehens menschlich berührend beleuchtet. Heute noch ist der Mittel- und Obervinschgau voller Geschichten, die Neugierde zu den Geschehnissen vor mehr als 100 Jahren ist selbst bei den ganz Jungen noch da. Vielleicht ist es der Reiz des Unvorstellbaren. Spektakulär ist die Ortlerfront wegen ihres Verlaufs in Höhen von über 3000 Metern. Außergewöhnlich auch, weil die meisten Soldaten, die Standschützen, aus den um, besser: -darunterliegenden Höfen, Weilern und Dörfern kamen und von ihren Baracken und Posten hoch oben in der Gletscherregion nicht selten auf ihre *Hoamat* hinabsahen. Hier wurden keine Massenschlachten geschlagen wie im fernen Galizien oder nach 1915 an der italienischen Front des Isonzo und des Piave. Hier ging es nicht um geostrategische Kriegsziele, hier ging es schlicht darum, die *Hoamat*, ja, die Heimat, zu verteidigen. Und doch sperrt sich unsere Vorstellungskraft gegen ein Verstehen für die Ungeheuerlichkeit der Lebensbedingungen da oben. Im Weltbild des italienischen Dichters Dante Alighieri und seiner *Divina Commedia* führt das Inferno, die Hölle, von der Erdoberfläche trichterförmig bis in die Erdmitte. Um am Bild zu bleiben: An der Ortlerfront ist es umgekehrt. Vom relativ sicheren Talgrund schraubt sich der Widersinn dieses Krieges immer weiter hinauf bis zum höchsten Berg des Kaiserreiches, dem Ortler.

Dass man dort oben keinen Krieg führen könne, war die Oberste Kriegsführung überzeugt. Das österreichische Verteidigungskonzept klang so: Für die Festhaltung des Ortlergebietes genügt die verlässliche Verhinderung feindlicher Einbrüche über das Stilfser Joch selbst. Nur das Stilfser Joch und der Cevedalepass brauche eine schwächere Sicherheitsbesatzung. Das gesamte restliche Gelände – Felsen, Gletscher und Abgründe zwischen 3000 und 3900 Meter Seehöhe – kommt für militärische Operationen überhaupt nicht in Betracht. Das italienische Oberkommando sah es ähnlich: *Mantenere contegno difensivo. Eseguire offensive parziali per meglio assicurare l'inviolabilità della frontiera (...)* Auch hier: die Front halten, viel mehr nicht. Die Menschen hüben und drüben aber wussten es besser.

Schützengraben am Hinteren Madatsch

Lazarettzug in Meran

Der erste Rausch der Kriegsbegeisterung verflüchtigte sich bald. Die Blutpumpe von Galizien (heutiges Südpolen und Westukraine) forderte einen gewaltigen Tribut. In offenen Feldschlachten, den letzten der neueren Geschichte, verbluteten in den ersten Kriegsmonaten an die 10.000 Mann des gesamttirolerischen Aufgebots von rund 45.000 eingerückten Kaiserjägern, Landeschützenregimentern und Landsturmmännern (ungemusterte 18- bis 20-Jährige bzw. ausgediente 34- bis 42-Jährige – und somit auch viele Familienväter). Die österreichische Generalität wusste, dass die Russen die österreichischen Aufmarschpläne kannten, änderte sie aber nicht. Immer mehr Nachrichten von Gefallenen trafen ein. Trotzdem verbreitete die Presse Siegesmeldungen. Viele glaubten sie noch. Unter ihnen auch der Maler Emanuel Raffeiner, der in der Malser Pfarrkirche an der Krönung Mariens arbeitete. Heute noch zu sehen im linken Bildrand des Chorraumes die Szene, in der ein tirolerisch gekleideter Mann sein Gewehr am Lauf gepackt hat und es gegen zwei finstere Figuren mit Pistolen schwingt. Darunter schriftlich: 18. XI. 1914 Valjewo eingenommen. 8000 Serben gefangen. Am 5. Dezember hält ein Verwundetenzug mit 45 Mann in Meran. Die Schwerverwundeten kommen in das israelitische Genesungsheim, die anderen in *durch die Kriegsunbilden hart mitgenommenen Uniformen* (die lokale Presse) bekommen vorerst Promenadenverbot, das dann wegen der Proteste aus der Bevölkerung zurückgenommen wird. Die Stimmung wird gedrückter. In Merans Gasthäusern wird Brot aufzustellen behördlich untersagt, am 2. April 1915 erfolgt ein allgemeines Ostereierverbot. Die Presse wettert gegen *Bierstrategen, Jammerlappen und Miesmacher.* Auch das gab es: Am 14. März wollte der Postenkommandant den Deserteur Anton Huber festnehmen, Huber wollte den Gendarmen entwaffnen und wurde vom Wachmann mit einem Bajonettstich tödlich verletzt.

Die militärische Lage ist mies: Österreich hat sich von den enormen Verlusten in Galizien nie mehr erholt. Die Besten sind dort gefallen.

ANGST UND ZORN

Die Presse verbreitet Zuversicht. Viel gelesen wird aber von der ländlichen Bevölkerung nicht. Was sie bitter zu lesen bekommt, besser: zu hören bekommt, sind Nachrichten vom Tod auf dem Felde. Dann spricht der Pfarrer am Sonntag an die Messe anschließend vom Heldentod und bittet um ein Gebet. Vielleicht singt man auch das „Gott erhalte". Schon wieder einer! In Südtirols Tälern weicht die Zuversicht einer schleichenden Angst. So viele junge Burschen, ja selbst Familienväter sind schon gefallen! (Und man braucht sich nur einmal auf den Gefallenendenkmälern im Ersten Weltkrieg draußen, selbst in den kleinen Dörfern, umsehen: Oft sind es mehr als ein Drittel der gesamten Kriegsopfer, die zwischen September 1914 und Juni 1915 gefallen sind.) Was tun wir, wenn uns Italien den Krieg erklärt? Sollte es in den Krieg gegen Österreich-Ungarn eintreten, dann werden wir zum unmittelbaren Hinterland der Front. Und wer soll denn diese Front dann verteidigen?

Italien war eigentlich Mitglied des Dreibundes und stand in einem Verteidigungsbündnis mit Deutschland und Österreich-Ungarn. Als Österreich-Ungarn am 28. Juli 1914 Serbien den Krieg erklärte, der in der Folge eine unselige Verkettung von Kriegserklärungen nach sich zog, blieb Italien vorerst neutral. Als der schnelle Sieg Österreichs ausblieb, begann Italien 1915 ein diplomatisches Doppelspiel. Einerseits verlangte es für seine Neutralität Gegenleistungen von Österreich-Ungarn: das Trentino, die napoleonische Grenze quer durch Südtirol, Friaul-Julisch-Venetien, Triest und Teile der dalmatinischen Küste. Österreich spielte auf Zeit. Geheim verhandelte Italien aber mit der Entente. Diese sicherte im Londoner Geheimvertrag (26. April 1915) im Falle eines Kriegseintritts und eines Sieges die geforderten Gebiete und koloniale Territorien zu. Bedingung: Italien sollte so schnell als möglich in den Krieg eintreten. Das geschah mit der Kriegserklärung vom 23. Mai 1915. Italien rechtfertigte den Kriegseintritt, dass Österreich-Ungarn 1914 einen Angriffskrieg begonnen und daher keine Beistandspflicht bestanden habe. Premierminister Salandra sprach unverhohlen von *sacro egoismo*, dem heiligen Egoismus einer Nation. Karl Kraus lässt sarkastisch einen Nörgler in „Die letzten Tage der Menschheit" von einem „Dreibruch" über den Dreibund spotten. Die italienische Heeresleitung glaubte, in vier Wochen nach Wien zu marschieren.

MYTHOS STANDSCHÜTZEN

Jetzt schlug die Stunde der Standschützen. Diese letzten Reserven wurden zum Mythos – und sie verlangen uns heute nach 100 Jahren noch Respekt ab. Das Wesen der Standschützen knüpft das Landlibell von Kaiser Maximilian aus dem Jahr 1511 an. Bei einer Bedrohung von außen hatte jeder Tiroler Gerichtsbezirk eine bestimmte Anzahl von wehrtüchtigen Männern zur Landesverteidigung zu stellen. Für diese Wehrhoheit sollten Tiroler außerhalb des Landes keinen Militärdienst leisten. Die Kämpfe gegen die Franzosen 1796 und 1809 fallen – ein letztes Mal – unter dieses, nun ja, Privileg der Selbstverteidigung. Im 19. Jahrhundert wurden die Schützenvereinigungen unter die Kontrolle des Militärs gestellt. Als die allgemeine Wehrpflicht 1868 eingeführt wurde, blieben die Schießstände überall bestehen. Die freiwillige Eintragung in diese Schießstände wurde zur Förderung des vaterländisch-dynastischen Denkens von den Behörden gefördert und forciert. Ab 1913 wurden die

Die Standschützen vor dem Abmarsch an die Cevedalefront, aufgenommen in Goldrain. Rechts auf dem Pferd Leutnant Alois Pinzger. Er war für die Proviantversorgung des Militärs im Martelltal zuständig.

einrollierten Mitglieder der Schießstände landsturmpflichtig. Ab jetzt galten sie laut Haager Konvention als reguläre Truppen zur Landesverteidigung. (Als nicht reguläre Truppe hätten sie im Kriegsfall nach einer Gefangennahme durch den Feind als Partisanen standrechtlich erschossen werden können.) Eine Besonderheit der Tiroler Standschützen war das Privileg, dass die Truppe ihren Hauptmann selbst wählen konnte. Das war in Friedenszeiten ein Wirt oder auch nur ein Bauer. Rangmäßig waren sie den aktiven Offizieren gleichgestellt, was zu beträchtlichen Reibereien mit dem aktiven Offizierscorps führte. In den Reihen der Standschützen befanden 1915 sich noch nicht Wehrpflichtige und Veteranen ab 42 Jahren. Mitte April kamen die Uniformen und Gewehre für die Standschützen nach Nauders, Glurns und Schlanders. Die einrollierten Männer und zum Teil Halbwüchsigen wurden gemustert und bekamen eine rudimentäre militärische Schulung. Die Kriegserklärung des ehemaligen Verbündeten Italien wurde als Verrat empfunden. Josef Platzer, Jahrgang 1899, der Mesmer-Sepp aus Stilfs, sagte 1992 im Brustton der Überzeugung: *Der ganze Krieg ist eine Lumperei gewesen. Aber den Verrat kann ich den Walschen nicht verzeihen!*

Die schleichende Angst wich dem Zorn. Jetzt galt es, die Heimat zu verteidigen, einen wortbrüchigen Aggressor und Landräuber aufzuhalten. Fritz Florineth aus Laas:

Fünfzehn zu Pfingsten ist alles eingerückt, auch die alten Zöch, wie ich sage, schon über siebzig, und haben auf dem Platz in einer Feldkuch Suppe gekocht, viel zu dick! Die Alten sind dann zur Bahnwache abkommandiert worden. Junge sind auch eingerückt, achtzehn Jahre alt und weniger. So sind sie nach Prad. Musik hat keine mehr gespielt.

Angst aber hatten die Frauen: *Olle Pfottn* (Frauen) *sain auf Lourdes gongen*, auf Wallfahrt nach Maria Lourdes in Laas. In Stilfs wurde das Allerheiligste zum Stundengebet in der Nacht (!) ausgestellt. Man kann sie verstehen, die Frauen, wenn man die Zeit aus dem Eis erlebt hat, das Ausapern des Grauens in den Neunzigern, die Holzbaracken im Eis, die Stielhandgranaten unter den Pritschen, die Kanonen in den Kavernen, die rostenden Granaten auf der Königspitze, die zentnerschweren (italienischen) Blindgänger unter dem Coston am Stilfser Joch, die verstümmelten Gletscherleichen aus dem letzten Gefecht 1918, in Pejo 2004, das Marodenbüchlein vom Hinteren Madatsch. Um nur etwas von dem Irrwitz, der nun beginnt, zu nennen.

INTERMEZZO: LETZTE GESPRÄCHE

Früher, da hätte der und der oder die noch gelebt, der hat immer erzählt, so hieß es Anfang der Neunzigerjahre des vorigen Jahrhunderts. Es waren stereotype Antworten, wenn man in den Dörfern von Schlanders aufwärts nach den letzten Standschützen von der Ortlerfront oder einfach nach ganz alten Leuten fragte. Hin und wieder wurde man an Insassen von Altersheimen verwiesen. Wie an die 100-jährige Frau Lampacher aus Gand im Martelltal im Altersheim Schlanders 1991: Nein, vom Ersten Krieg weiß sie nicht mehr viel, nur dass ihr Bruder Standschütze auf Zufàll oben war und *gånz letzer*, in erbärmlichem Zustand, heruntergekommen ist, und dass immer Hunger war und die *Noat*, der Vater Fassbinder, und wer hat im Krieg schon Fässchen gebraucht; blieb nichts anderes als Hausieren. So ist sie mit den Kindern mit den *Schafflen* zu Fuß von Martell aufs Land heraus und bis Meran: *Na na, isch a letze Zeit gwesen.* Vom Krieg in Martell und den Waffentransporten hinein nach Zufàll, nein, da erinnert sie sich nicht mehr. Da habe sie nichts mitbekommen.

Ambrogio Pedrazzini aus Bormio 1994: „Wir waren Freunde (vor dem Krieg). Sie kamen immer mit vielen Krautköpfen vom Vinschgau herüber."

Jakob Müller, „Müller-Jaggele", eingerückt als Freiwilliger mit 15, starb als einer der letzten Standschützen.

Eine kleine Legende ist das „Müller-Jaggele". Jakob Schwienbacher lebte 1992 noch und befand sich im Bürgerheim von Schlanders. 1898 geboren, verlor er als uneheliches Kind mit 16 Jahren die Mutter. Der Standschützenhauptmann Johann Müller, „Schupferwirt" in Schlanders, nahm den Vollwaisen als Ziehsohn auf. Jakob wollte unbedingt als 15-Jähriger mit seinem Ziehvater an die Front. Deshalb behauptete er, er habe beim Schwur der Standschützen versteckt mitgeschworen. Nach langem Drängen durfte er mit an die Front, habe aber, wie er erzählte, anfangs beim Wachestehen im Sturm große Angst gehabt. Als dem Koch ein Schrapnell eine Gesäßbacke wegriss und er verblutete, verpflichtete Major Hyza das junge „Jaggele" kurzerhand zum Koch und hieß ihn, eine Suppe zu machen. War aber nur *a pissl Mehl* da. Die improvisierte Brennsuppe mit den Mehlknollen ging als „Schwammerlsuppe" in die Geschichte der Feldküche am Cevedalepass ein, weil der Major, jedes Mal, wenn er auftauchte, nach der Schwammerlsuppe verlangte. Jakob war untrennbar mit seiner Pfeife verbunden, er behielt sie, meist ungeraucht an einen Zahnstumpf gehängt, immer im Mund. An die auch seinen Kindern so oft erzählte Geschichte erinnert sich der Greis im Altersheim nicht mehr, ein leichter Schlaganfall hat sein Gedächtnis arg eingetrübt, nur beim Stichwort Cevedale bricht Tieferlebtes heraus:

> Kalt ist's gewesen, Hunger haben wir gehabt, Wach gestanden sind wir, kalt haben wir gehabt, Angst haben wir gehabt, kalt ist's gwesen

... um wieder in eine Art Dämmerzustand zurückzuversinken. Er starb 95-jährig am 4. Oktober 1993 als Letzter der *Mannder* vom Baon Schlanders.

„DER FEIND WAR NICHT SO WILD."

Johann Burger in Stilfserbrugg sprach 1992 in voller geistiger Frische von der Kriegszeit – von der er nichts wissen wollte: *Alles ein Sauhaufen gewesen, alles umsonst und Südtirol auch noch verloren.* Gleich nach der Eroberung des Monte Scorluzzo muss der

Johann Burger, Stilfser Brücke: Heimfahrt von Schlesien im Viehwaggon.

16-jährige Johann zum „freiwilligen" Arbeitseinsatz und zieht in der Nacht, zusammen mit *20 so Tschechen und Kroaten* eine Kanone über den Gletscher auf den Scorluzzo. Man schläft eng aneinandergerückt auf Stroh, *wie die Schweine*, die Menage ist miserabel, saukalt ist es auch und reden dürfen sie kein Wort, damit der Feind sie nicht hört. Johann, „freiwillig" und minderjährig, macht sich davon: *Do bin i durch, hot aa koaner eppes gsogg!* Wieder daheim *hat man nicht viel gehört von da oben, und viel hat man sich nicht drausgemacht.* Ein Bruder fällt am Monte Grappa, ein Zweiter, damals bereits verheiratet, muss als Standschütze hinauf auf den Ortler und die Königspitze; wenn er heimkam, erzählte er nicht viel, nur von schrecklichen Gewittern und verheerendem Blitzschlag: Davor hatten sie Angst, weniger vorm „Nachbarn": *Der Feind war nicht so wild! Aber wenn sie herunterkamen*, die Standschützen aus ihren Eislöchern, *waren sie schon arm beinander.*

Natürlich erinnert sich Johann an den Krieg, in den er, kaum 17-jährig, als Kaiserschütze eingezogen wird, an alle Monate, *vom Einrücken bis zum Ende sind wir derhungert.* In Enns (Oberösterreich) erhält er eine kurze, harte Ausbildung und wird mit dem 37. Marschbataillon an die Front am Monte Corno (Raum Rovereto) geschickt.

Es war scheußlich, der Hunger war verheerend, und die Läuse, wir waren voll davon, sie bissen uns unter den Gamaschen in die Waden und wir konnten uns nicht kratzen!

Im August 1918 erkrankt er an Typhus, wird über Trient ins Untermaiser Epidemiespital eingewiesen und zwei Wochen vor dem Zusammenbruch – von Meran-Untermais wären es knappe 60 Kilometer nach Stilfs nach Hause gewesen – fronttauglich nach Schlesien abkommandiert: die Deppen! Die Heimfahrt im Viehwaggon dauert drei Tage und drei Nächte, immer nur

Kanonenzug auf dem Ortler

Am Hochjochgrat, dahinter Zebrù, Königspitze und Cevedale

weiter!, weiter!, weiter!, in Bozen waren schon die Italiener. An der Versorgungsstation in Bozen ergattert er eine ganze Konservendose und ein Stück Brot: *Hab' ich eine Gaudi gehabt – und hab' nur die Hälfte dergessen, dann hab' ich's müssen lassen* … Der Bahnhof Spondinig wurde bereits vom italienischen Militär kontrolliert, er hätte sich bei ihnen melden müssen, Johann Burger schlägt sich ins Gebüsch der Prader Sand und geht zu Fuß heim nach Stilfs. Nein, da war kein Hass auf die Sieger, man war froh, dass man heimgekommen war. Von der offiziellen Strategie zur Stilfser-Joch-Verteidigung hält Burger überhaupt nichts, wie übrigens die gesamte Bevölkerung der Gegend:

Die Deppen, in Gomagoi haben sie die Häuser gesprengt, ein Tscheche war Offizier, um Ausschuss für die Festung zu haben, das haben sie „mit Fleiß“ - absichtlich - getan, auch Brücken haben sie gesprengt, um sie kurz darauf mit Müh und Not wieder zu reparieren!

Das war kurz nach der Kriegserklärung Italiens. Er erinnert sich an die Transporte, schwer beladene Wägen, gezogen von Rössern, die Jahr für Jahr magerer und weniger werden. So war's: den Rössern wurde das Futter und den Soldaten die Menage knapp.

NICHT GENUG BRENNESSELN

Josef Platzer, der „Mesmer-Sepp“ aus Stilfs, 1899 noch unter dem Kaiser geboren, ist 1996 mit seinen 97 Jahren recht frisch und munter, nur das Gehwerk, sagt er, macht nimmer ganz mit, aber im Kopf ist er noch gut:

Wie der Krieg ausgebrochen ist, bin ich da oben im Wald gewesen, und da hab' ich dann gemerkt, dass unten im Dorf etwas nicht stimmt. Wie ich abends heimgekommen bin, hab' ich halt gefragt, was los ist. Hat's geheißen: Es müssen alle von 20 Jahr' weg einrücken. Habe man gemeint, mit den

Serben werde man bald fertig sein: Gelacht haben sie, damals noch. Und die Frauen haben halt auch gemeint, sie, die Mannder, werden nit lang aus sein!

Auch er versteht die offizielle Verteidigungsstrategie nicht: Einen Tag nach der Kriegserklärung Italiens kracht es in Gomagoi, es sind keine feindlichen Ladungen, die explodieren, sondern die eigenen Sprengsätze: Um – wie es in den Stragegiepapieren hieß – den feindlichen Vormarsch zu verlangsamen und um das Schussfeld im Rücken der Sperre Gomagoi im Falle eines feindlichen Einbruches in das Suldental freizulegen, da flog neben mehreren Brücken auch der Gasthof Angerer mitsamt Kapelle in die Luft. Die ersten Evakuierungsmaßnahmen in Trafoi setzten ein, in der Stube des Mesmer-Sepp in Stilfs wurde eine Trafoier Familie einquartiert. Alle haben wir Angst gehabt, sagt der Sepp. Die Front am Joch hält, die Geflohenen und Evakuierten kehren bald zurück. Dreieinhalb Jahre lang hört man in Stilfs den Geschützdonner, sieht der Sepp Schrapnell-Einschläge auf dem Ortler, *immer mit einem kleinem Wolkele und dann hat man den Krach gehört.* Am 11. Mai 1918 muss er zusammen mit vier anderen Burschen aus Stilfs nach Glurns zur Musterung, tauglich befunden, muss er einrücken. Über Linz ging es weiter nach Böhmisch-Benischau bei Prag.

Wir haben eine gute Kameradschaft gehabt bei der Ausbildung und einen guten Hauptmann, ein Böhme, der immer gesagt hat, „Buben, dieses Exerzieren hat gar keinen Wert, draußen an der Front heißt's sich decken und schießen können."

Aber die Verpflegung war erbärmlich: *Wir haben nicht genug Brennesseln mehr gehabt, geschweige denn sonst etwas!* Schwer zu sagen, welche Plage schlimmer war: der Hunger oder die Läuse. Niemand will den Brotwecken teilen: Aus Angst vor ungleichen Schnitten und den Vorwürfen der anderen, werden die Schnitten verlost. Nach abgeschlossener Ausbildung wiegt der Sepp nur noch 48 Kilo, und ein einsichtiger Sanitätsarzt schickt ihn – unmittelbar vor Kriegsende – statt zur Front nach Hause.

IM NIEMANDS-LAND

Wie sah das Gebiet überhaupt aus, das nun von den Standschützen verteidigt werden sollte? Abgesehen vom Stilfser Joch war das an die 26 Kilometer unwegsames, weitgehend vergletschertes Gelände, ungefähr 100 Quadratkilometer Niemandsland auf einer Meereshöhe zwischen 2700 und nahezu 4000 Metern. Die eisbedeckten Spitzen der Reihe nach – von der Schweizer Grenze an der Dreisprachenspitze (2843 m) bis zum Stilfser Joch (2760 m): Scorluzzo (3094 m), Naglerspitze (3259 m), Hohe Schneid (3434 m), Geisterspitze (3467 m), Payerspitze, (3390 m), Tuckettspitze (3462 m), Kleine und Große Schneeglocke (3421 m), Trafoier Eiswand (3865 m), Thurwieser (3652 m), Eiskögele (3530 m), Ortler (3905 m), Zebrù (3735 m), Königspitze (3851 m), Kreilspitze (3293 m), Schrötterhorn (3386 m), Suldenspitze (3376 m), Cevedale (3769 m). Vom Veltlin aus kamen, neben dem Stilfser Joch, nur für hochalpin bestens ausgebildete Truppen der Italiener drei weitere Übergänge in Frage. Von Bormio durch das Val Zebrù ist ein Aufstieg über den Campoferner auf das 3345 Meter hohe Madatschjoch und ein Abstieg gegen die Franzenshöhe und nach Trafoi möglich. Einfacher bietet sich der Aufstieg durch das Val Cedec auf das 3275 Meter hohe Königsjoch mit Abstiegsmöglichkeit nach Sulden oder ins Martelltal an; dieselbe Anmarschroute gilt für den Übergang des 3267 Meter hohen Cevedalepasses, von dem aus sowohl Martell als auch Sulden erreicht werden können. Dazwischen Felsabstürze und Gletscherfelder, die, O-Ton österreichische Heeresführung, für militärische Operationen überhaupt nicht in Betracht

Franz Angerer, Bergführerkompanie, Besitzer des Hotel Post in Sulden. Seine Signierung auf der Königsbaracke erblickte nach über 100 Jahren wieder das Licht der Welt.

kommen. Die Bergerfahrenen und die Bergführer auf beiden Seiten wussten es besser: Eine erhöhte Position lässt sich auch gegen einen zahlenmäßig überlegenen Feind relativ leicht verteidigen. Und: Ist der Feind erst einmal da, bekommst du ihn nicht mehr hinaus. Die ganz Alten erinnerten sich noch an die Überfälle übers Joch in den Risorgimento-Kriegen.

Am 4. Juni 1915 entriss Hauptmann Steiner mit einer Handvoll Standschützen den Italienern den 3095 Meter hohen Monte Scorluzzo. Dieser Berg beherrschte das Stilfser Joch und bot einen ausgedehnten Blick auf italienische Anmarschrouten. Zitat aus seinem Tagebuch:

Für uns aber hatte der Besitz des Monte Scorluzzo ebenfalls mehrfachen taktischen Wert. Von ihm aus ist eine günstige, weit ins Italienische hinein reichende Aussicht. Daher ist es für die Artillerie-Beobachtung unbedingt notwendig. Für einen ital. Anmarsch auf das St. J. gibt es nur zwei Anmarschlinien, das „Val dei Vitelli" und die Straße „Bormio-Ferdinandshöhe". Diese können beide vom Monte Scorluzzo aus, vollkommen eingesehen und flankiert werden.

Steiner hatte eigenmächtig an den österreichischen Strategievorgaben vorbeigehandelt. Aber mit der Besetzung des Scorluzzo begann ein Schneeballeffekt: Beide Seiten erkannten, dass der militärische Besitz eines Gipfels enorme strategische Vorteile hatte.

Damit begann ein Krieg, den es bis dahin in der Menschheitsgeschichte nie gegeben hatte. Die Front verlief über die höchsten Bergspitzen. Anfangs gab es dort oben gar nichts. Nur Eis und Schnee, orkanartige Stürme, arktische Kälte und gleißendes Licht. Eine notdürftige Besetzung begann.

Leutnant Haller: „Königspitze, Gipfelspalte"

AM ANFANG WAR NUR EIS

Wer Hochgebirgstouren unternimmt, weiß um die Schwierigkeiten in dem Gelände. Je höher man steigt, umso knapper wird die Luft, die Kräfte werden geringer, die Anstrengung wird größer. Der Rucksack, der einem beim Losgehen noch leicht vorgekommen war, scheint allmählich das Doppelte an Gewicht anzunehmen. Schnee haftet an den Schuhsohlen, eisige Stellen können zu tödlichen Fallen werden, genauso unbemerkte Schneebrücken über Spalten. Spalten müssen weiträumig umgangen werden, jederzeit kann es einen plötzlichen Wetterumschwung geben. Entsprechende Ausrüstung und Funktionskleidung sind unerlässlich.

Und die Standschützen? Standarduniformen hatten sie zwar, genagelte Schuhe nur die eigenen, die ärarischen des Militärs bekamen sie erst im Oktober, November 1915. Und so zogen sie hinauf in die Höhen, welche die meisten nie betreten hatten. Als Erstes quartierten sie sich in den Schutzhütten ein, besetzten die neuralgischen Punkte wie das Stilfser Joch und den Cevedalepass. Von den Hütten aus unternahmen sie die ersten Patrouillen, errichteten erste Feldposten und Feldwachen zur Beobachtung des Feindes. Als Erstes brauchte es Kriegsgerät, Munition und Proviant. Alles musste hinaufgetragen werden. Der Feind verhielt sich, was die Verteidiger erstaunte, recht vorsichtig. Das lag an der falschen Einschätzung der italienischen Heeresleitung: Sie hatten von so und so viel „Kompanien" der Standschützen gehört und glaubten, diese bestünden aus der üblichen Mannschaftsstärke, und schätzten diese viel zu hoch ein. In Wirklichkeit bestand so ein „Baon" eines Dorfes aus zwanzig, dreißig Männern. Das vorsichtige Taktieren verschaffte den Standschützen vorerst etwas Luft, sich festzusetzen, bis reguläre Truppen eintrafen. Aber sie waren es, die in den ersten Wochen die Stellung hielten, und ihre Leistung ist nicht hoch genug einzuschätzen. Da oben war anfangs nichts außer Kälte und Eis, gefrorener Permafrostboden, kein Weg, kein Steig. Die Arbeiten im Gletschereis, im Frostboden, im Felsen mit Pickel, Hacke und Spitzeisen waren äußerst mühsam, manchmal sogar unter feindlichem Beschuss. Die ersten Nächte im Zelt vielleicht: Da war das Schneeloch auszugraben, das Zelt einigermaßen zu verankern und dann mit sämtlichen Sachen hineinzukriechen. Als Unterlage dienten Tannenzweige, Seile und Schneereifen. Es kam vor, dass der Schlafende am Morgen am Boden festgefroren war. Was es noch brauchte:

Die Königspitze bei deren Besetzung am 16. Mai 1917.
Leutnant Haller: „Königspitze Gipfelzelt 1917."

Am Hinteren Madatsch, Sommer 1994

Beckmanngrat, Schneeglocken und Trafoier Eiswand

einen Abtritt. O-Ton: Das einzige Unangenehme dabei war die Schaffung eines kleinen Aborts (Alpinreferent Günter Oskar Dyhrenfurth). Die Trägertruppen waren bei jedem Wetter unterwegs, bei Nebeleinfall blieb ihnen nichts anderes übrig, als eng aneinandergerückt stehenzubleiben und warten, bis sich der Nebel verzog. Die Soldaten stellten ihre Gewehre in der Mitte zu einer kleinen Pyramide auf und gingen mitunter mehrere Stunden lang drum herum, um sich im dichten Nebel nicht zu verlieren. Ganz schlimm war ein Wetterphänomen, das im Norden Amerikas als Whiteout bekannt ist: Nebel oder Schneegraupel, auf den die Sonne scheint. Alles ist nur noch ein milchiges Weiß, das alle Konturen verschluckt und nicht einmal mehr oben und unten erkennen lässt. Neben der Orientierungslosigkeit stellen sich zudem Übelkeit und starke Kopfschmerzen ein. Daher wurden zur Sicherung der Zugangssteige zu den Stellungen bald hohe Schneestangen in Schnee und Gletscherfeldern verankert, die durch ein Seil verbunden waren. Auch da war Vorsicht geboten auf den Gletscherfeldern mit ihren Spalten und Abgründen. Beim Transport von größeren und schwereren Lasten ging man im Verbund. Um einen im Marteller Wald geschlagenen Baumstamm von 20 Meter Länge zum Eisseepass zu schleppen, brauchte es 50 Männer. Im Schnee helfen Steigeisen nichts, da hieß es, die rindsledernen Schuhe mit den Stoßnägeln ordentlich in den Schnee zu rammen und Tritt fassen, auftreten, den anderen Fuß vorsetzen, Schritt für Schritt, im selben Rhythmus, wenn es ging, eineinhalb Tage unterwegs. Mit gefrorenem Schnee an der Kleidung und in Schuhen, die auf die Dauer das Wasser nicht mehr halten. Und doch: Es gab Soldaten, die über 50 Gipfelbesteigungen machten. Alle Gipfel über dreitausend.

Was es nicht alles brauchte: Balken, Bretter, Nägel, Dachpappe und Eisendraht in schweren Rollen, Stacheldraht („Drahtverhau") und Eisenstangen, Stahlseile, Bündel leerer Sandsäcke, Feuerholz, Eisenöfchen, Kochgeschirr, Ofenrohre, Schutzschilde, Sprengmaterial, Munition, Holzwolle für die Strohsäcke und natürlich auch Arbeitsgeräte. Am wenigsten gewogen haben dürften die Lebensmittel. Obwohl: *Im ersten*

Transportschlitten am Cevedale für schweres Kriegsgerät. Bild aus den Neunzigern.

Die Königspitze in der Krönungsrobe mit Schaumrolle 1992 (links). Der König ist nackt und hat seine Kleider verloren, 2023 (oben).

Jahr war die Verpflegung gut! (Standschütze Fritz Florineth, Laas). In den ersten Monaten stiegen einmal in der Woche von Martell aus Mägde und Knechte mit prall gefüllten Rucksäcken auf die Zufallhütte hinauf und versorgten die *Mannder* mit Speck, Brot und Käse vom heimatlichen Hof, bis diese „Zugabe" verboten wurde.

HUNDETRAINS

Um die Trägertrupps zu entlasten, setzte man Hundetrains an, große, starke Tiere, aber die armen, schweren Viecher scheuerten sich die Pfoten wund auf dem harschen Schnee, bekamen offene Wunden, die nicht mehr heilten. Der Transport mit Hunden über den Langenferner-Gletscher musste aufgegeben werden. Bei Beschuss und Kanonendonner wurden die Tiere ganz wild, waren nicht mehr zu halten, brachen aus und heulten ihre animalische Angst herzzerreißend in die weiße Schneewüste. (In Meran gab es bis zum Kriegsende vereinzelt Hundetransporte.)

Die ersten Baracken waren nicht viel mehr als ein Provisorium. Am 13. Juli 1915 tobt abends auf dem Cevedalepass ein heftiger Sturm mit wilden Windböen. In der Baracke hat sich die Wachmannschaft zum (täglichen) Rosenkranzbeten versammelt. Der Wind ist zu einem Orkan angeschwellt, er pfeift, heult, brüllt, die Dachbalken stöhnen wie das Weinen eines Kindes, die Rucksäcke und Gewehre an der Wand werfen wilde baumelnde Schatten, die Petroleumlampe

Leutnant Haller: „Hunde als Zugtiere. Meran 1917"
An der Cevedalefront musste man sie bald aufgeben, da sich die Tiere auf dem Eis schnell die Pfoten blutig scheuerten.

Leutnant Haller: „Hundefuhrwerk 22.10.17, Meran."

erlischt, die Pfosten neigen sich: Nichts wie hinaus! Der Orkan reißt die Hütte aus dem Fundament, Holzbrocken fliegen durch die Luft. Brüllende Finsternis, Rufen nach Kameraden. Auf allen vieren tastet man sich in diesem Weltuntergang Richtung vermutetem Felsen, kauert sich eng zusammen wie Schafe im Sturm. Immer wieder steht einer auf, um nicht zu erfrieren. Im Morgengrauen klopfen sie sich Schnee und Eis von der Kleidung, reiben halb erfrorene Hände und Gesichter mit Schnee ein. Noch einmal alles gut gegangen.

Aber auch solide gebaute Baracken halten wilden Stürmen nicht stand. Der Standschütze Josef Bauer schreibt auf der Cima Nera:

Heute am 21. (November 17) geht wieder ein schrecklicher Wind, so daß man fast nicht stehen kann, und ein Stück Dach hat es auch samt die Rafen fort (...) und die Kanthölzer und die Brennholzbrügel hat's herumgetragen wie zu Haus die Hobelschoaten, von die Flöcken ist keine Rede, die hat man nur mehr die halben gefunden.

Wie haben sie das nur ausgehalten, da oben?

DIE AUSRÜSTUNG

Die Bekleidung und Ausrüstung der Standschützen und Soldaten im Hochgebirge war weit entfernt von der heutigen Funktionsunterwäsche und alpinen Outdoorbekleidung. Laut „Merkblatt für den Gebirgskrieg" hatte jeder Soldat Folgendes mit sich zu führen: Rucksack, Reservewäsche, Überschuhe, Fäustlinge (1 Paar Reserve), Schneemantel, Pelzweste, Schneebrille, starkes Messer, Feldflasche, Zeltblatt, Nähzeug, Gletschersalbe, Steigeisen und Schneereifen. Unterwäsche sollte häufig gewechselt und feucht gewordene in der Stellung/Baracke sofort ausgezogen werden. War nichts anderes als ein gut gemeintes Ansinnen. Zwar gab es einen kleinen Schwarmofen in den Baracken, aber die nach einer Wache ausgezogenen Kleidungsstücke – meist wohl eh nur der Mantel – waren oft starr von Eis und Schnee. Der schmolz und bildete große Lachen am Boden. Die dauernde Nässe schlug auf die Gesundheit. Der 38-jährige Bataillonskommandant des Standschützenbataillons Schlanders, Major Josef Payregger, starb bereits nach einem Jahr Hochgebirgskrieg im April 1916 an den Folgen von extremer Kälte und Erfrierungen.

Ein Fäustling

Das Reservepaar Fäustlinge sollte bei großer Kälte am Körper getragen werden. Vorgegeben waren Segeltuchfäustlinge mit einer Flanelleinlage, bei den Standschützen waren es anfangs wohl nur die gestrickten *Wollhandschn* von daheim, die am Metall, wie am Gewehrlauf, festfroren. In der ausapernden Baracke am Hinteren Madatsch hatte man unter anderem einen fellgefütterten Fäustling gefunden. Der Bergführer erzählte dazu: Beim Wachestehen auf dem vorgeschobenen Posten der Feldwache im Winter oben auf dem Gletscher schnitten die Soldaten

Ohne Schneereifen ging gar nichts.

einen Schlitz in den rechten Fäustling zwischen Daumen und Zeigefinger, damit sie den Zeigefinger am Abzug des Gewehrs halten konnten. Der Fäustling mit verblassten Fett- und Rostflecken verströmte einen strengen Geruch. Lädiert sah er aus mit der aufgerissenen Partie zwischen Daumen und Zeigefinger, aus der Fell (Katzen- oder Hasenfell?) hervorschaute. Eine Öffnung für den Zeigefinger am Abzug beim Wachestehen? Später, beim Versuch mit der rechten Hand in den Fäustling *hineinzuschliefen*, also hineinzuschlüpfen, zeigte sich, dass es ein linker sein musste. Nichts also mit Zeigefinger am Abzug. Bei genauerer Betrachtung aber stellte sich Betroffenheit ein beim Anblick der nahezu rührenden Unbeholfenheit, mit der versucht worden war, die kaputte Stelle einigermaßen zu flicken. Die Stelle ist wahrscheinlich durch allzu langen Gebrauch aufgescheuert. Handschuhe waren unerlässlich in der Eiswüste auf über 3000 Metern. Also musste das Loch im Fäustling vernäht werden, so gut es ging. Wo und wie in dieser kriegerischen und kargen Männerwelt, wo es vielmal leichter ist, eine Kiste mit Munition zu bekommen, lassen sich Nadel und Faden auftreiben? Es muss eine ziemlich dicke Nadel gewesen sein, eine Wollnadel vielleicht, in die der dicke Zwirn eingefädelt worden war. Schnell und ohne großes Federlesen wurde ein verschlissenes Stück Leinenstoff (woher?) von schlechter Qualität aufgenäht, viel Besseres stand wohl nicht mehr zur Verfügung. Unbeholfen und simpel ist die Flicknaht mit zu weit und unregelmäßig gesetzten Einstichen, mit ungeschicktem Abheften. Der Mann hatte keine Erfahrung, möglich, dass er sich vage erinnerte, zu Hause einmal der Mutter/Frau oder Schwester beim Nähen zugeschaut zu haben. Wer weiß, vielleicht haben ihn die Kameraden in der engen Baracke bei seinem unbeholfenen Nähversuch auch aufgezogen. Hauptsache, es hält, wird er sich gedacht haben; gehalten hat es nicht lange, der aufgenähte Stoff zerschliss bald. Und dann kam der Moment, wo er den Fäustling nicht mehr brauchte, der 3. November 1918.

Mit Katzenfell gefütterter Fäustling mit unbeholfener Flicknaht

Nagelschuhe für die Truppe, Steigeisen für die Offiziere

Die Pflege der (Nagel-)Schuhe wurde besonders angeraten. Man solle sie regelmäßig einschmieren und zum Trocken nicht an den Ofen stellen. Wie denn, wenn die Männer wochenlang nicht aus Socken und Schuhen kamen? Josef Bauer, 1884 in Tall oberhalb Schenna geboren, gestorben 1996, Bauer in Tiss bei Goldrain, war Standschütze auf dem Vioz südlich des Cevedale. Erhalten von ihm ist ein Tagebuch, das den Zeitraum vom 11. September 1916 bis zum 31. August 1917 abdeckt. Am 1. August 1917, mitten im Hochsommer, schreibt er:

> Die letzten zwei Tage hat man Tag und Nacht zu kalt gehabt. 4 Wochen hatte ich die Schuhe Tag und Nacht an den Füßen und die Socken noch länger, man darf sie niemals ausziehen, aber viele leiden an Rematiesmus, denn oft bereits die ganze Nacht draußen stehen bei Alarm und kalt ist es auch immer …

Für das Wachestehen gab es unförmige Überschuhe aus geflochtenem Stroh. Oder Stoffüberschuhe mit Holzsohlen. Man sollte sie mit Heu oder

Papier ausstopfen. Woher das Heu nehmen da oben, wenn im Tal schon keines mehr da war für die Zugtiere? Standschützen an der Ortlerfront mussten sich anfangs selbst behelfen: Erst Oktober/November 1915 bekamen sie militärische Bergschuhe. Ihre eigenen waren schon dabei, in Einzelteile zu zerfallen.

Der Schneemantel bestand aus weißer Schafwolle zur Deckung und als Kälteschutz und sollte immer sauber gewaschen sein, da er sonst für die Deckung seinen Zweck verfehle. Manche behalfen sich mit unförmigen Fellmänteln, wohl aus Schaffell, wie historische Fotos zeigen.

Zur Hochgebirgsausrüstung gehörten natürlich auch Steigeisen, die Offiziere besaßen neunzackige, währenddem Standschützen oft ihre eigenen und wie die einfachen Soldaten nur vierzackige Steigeisen hatten. Eispickel bekamen nur die Offiziere. Den russischen Kriegsgefangenen, die Trägerdienste und Arbeiten an defekten Telefonleitungen und anderes leisten mussten, blieben nur ihre ausgetretenen Armeestiefel.

Notiz am Rande: Der Stilfser Schmied hatte dem Leutnant Haller kurz vor Kriegsende ein Paar nigelnagelneue neunzackige Steigeisen gefertigt. Mit ihnen stieg sein Enkel Roland zusammen mit dem Verfasser im Seil von Olaf Reinstadler 2018 auf den Ortler. Eine Hommage an den Leutnant und die *Mannder* vor 100 Jahren an der höchsten Front des Krieges.

MIT SCHNEE EINREIBEN

Die *Alpinen Weisungen* der Heeresleitung gaben minutiös vor, was in den Rucksack gehörte, und vor allem, wie er zu packen war. Gedacht war an Augenschutz, doch Schneebrillen waren Mangelware, als Ersatz wurde ein Notersatz aus Papier, geschlitztem Karton, Leder oder Verbandsgaze empfohlen. Leutnant Haller stellte in seinen Memoiren keine besonderen Fälle von Schneeblindheit fest, allerdings berichten andere Quellen, dass vor allem junge Standschützen durch die extremen Lichtverhältnisse Schaden litten an ihrem Sehvermögen. Leichtere Erfrierungen sollte man mit Einreiben von Schnee behandeln, aus heutiger Sicht genau die falsche Methode. Standschütze Josef Bauer vom Baon Schlanders auf der Cima Nera schreibt 1917:

> Unser 4 hatten die Nase weiß und ich noch die rechte Wange und das Ohr. Hab lei alles mit Schnee eingerieben, als ich es bemerkt hab, das Ohr habe ich halt fingerdick bekommen und die Wange schwoll mir sehr auf. Von Wange und Ohr rann mir das Wasser heraus.

Der beste Schutz war eine robuste Konstitution, über die trotz aller extremen Bedingungen die meisten verfügten. Als im Oktober 1916 die Italiener eine Geschützbatterie auf dem Zebrùpass platzierten und den Cevedalestützpunkt beschossen, der vier Männern den Tod brachte, unternahmen die Soldaten eine nächtliche Racheaktion. Sie schlichen sich hinter die feindlichen Linien, überfielen die italienische Feldwache und kappten das Feldtelefon. Dessen Ausfall alarmierte die Italiener, sie richteten einen starken Scheinwerfer in Richtung Angreifer. Diesen blieb nichts anderes übrig, als sich im Schnee einzugraben. Einen Tag und eine Nacht verharrten sie in der Kälte und konnten sich erst nach 48 Stunden mit kältestarrem Körper aus dem eisigen Versteck hervorwagen. Sie hatten überlebt. Im letzten Kriegsjahr hätten sie das wohl nicht mehr, die Uniformen waren zerschlissen, minderwertige Ersatzstoffe bestanden aus Brennnesselfasern und verursachten nahezu unerträgliches Jucken und schmerzende Ekzeme auf der Haut, das Schuhleder fiel auseinander und die Füße wurden notdürftig mit dem Stoff der Sandsäcke umwickelt. Die Männer hielten aus bis zum Ende.

Kommod. So etwas Bequemes trugen nur Offiziere. Barackenfund am König. Die Soldaten kamen wochenlang nicht aus den Schuhen.

Nur Offiziere hatten Eispickel und Steigeisen. Hier im Bild wird die Trasse für den Kanonenzug am Ortler aufgehackt.

Die betagte Kanone aus der altösterreichischen Waffenschmiede der Skodawerke in Pilsen. Sie schaut nochmals hinauf, von wo sie der eifrige Sammler Konrad Knoll herunterholen ließ. Sie steht heute im Museum in Sulden.

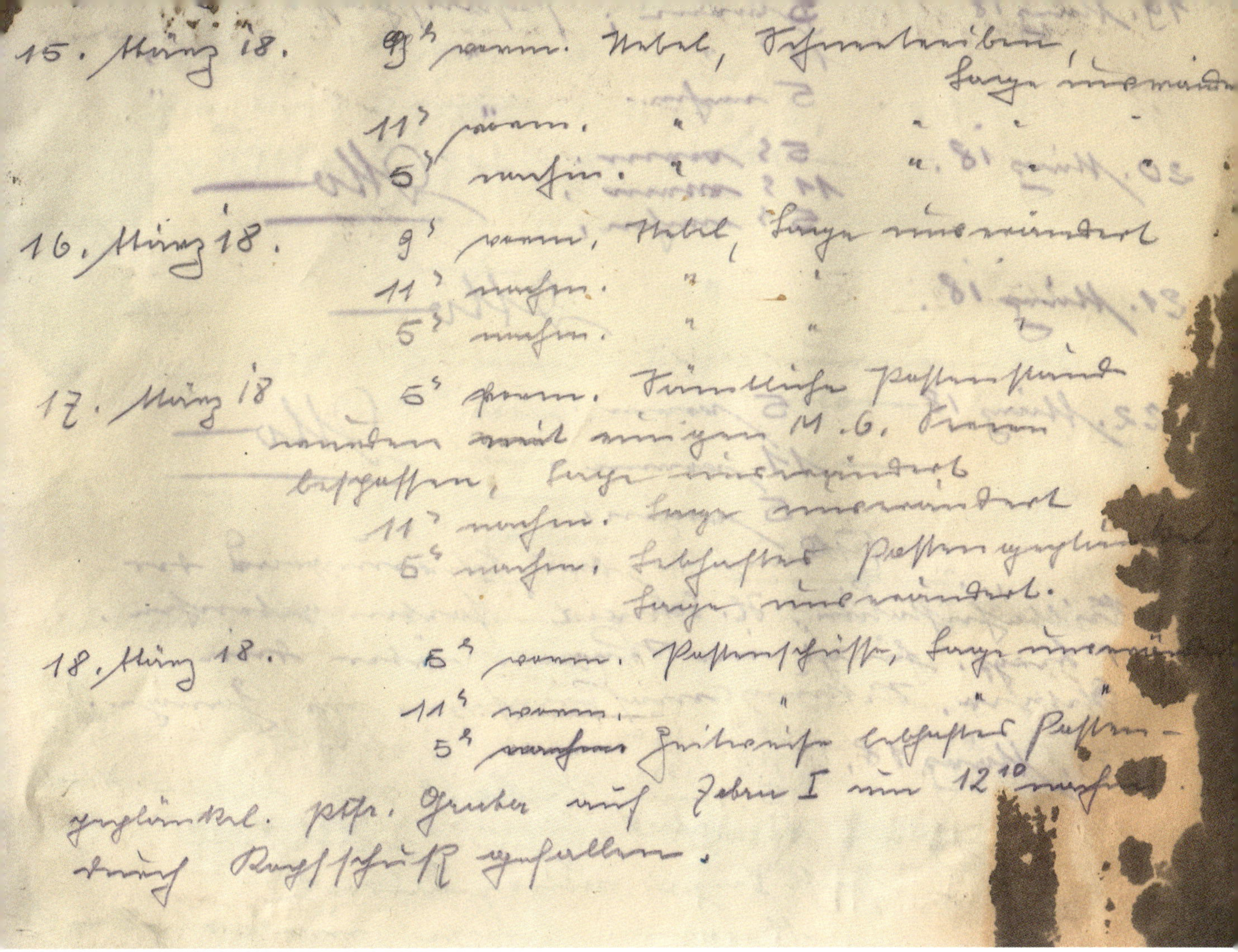

Leutnant Haller: „Bergführer Gruber auf Zebrù 1 um 12.10 nachmittags durch Kopfschuss gefallen."

KEINE „SALONFRONT"

Als „Salonfront" wurde das Kampfgebiet im Ortlermassiv mitunter spöttisch betitelt und als strategisch nicht sonderlich bedeutsam eingeschätzt. Doch kam ihr eine wichtige strategische Bedeutung zu. Ein Durchbruch der Italiener am Stilfser Joch hätte ihnen den Weg durch den Vinschgau hinunter in den Rücken der österreichischen Front im Trentino ermöglicht. Die geografischen Bedingungen waren ungleich verteilt. Die Italiener waren vom Terrain mit der weitgehend eisfreien Südseite im Vorteil. Die Nordseite war großteils vergletschert, damals wesentlich mehr als heute. Sommer und Herbst 1915 war die Zeit der Patrouillengänge und der notdürftigen Besetzungen. Im Frühjahr/Frühsommer 1916, nachdem nun auch reguläre Truppen da waren, begann der Wettlauf um die Gipfel. Die Österreicher/Tiroler besetzen die Geister-, die Payer-, die Naglerspitze, der Ortlergipfel wird als Dauerstellung ausgebaut. Die Königspitze wurde erst 1917 dauernd besetzt. Die Italiener setzen sich auf dem Ortlerpass, dem Thurwieser und der Trafoier Eiswand fest. Am Passo Camosci standen ihre weitreichenden 149er-Kanonen. Manchmal war man sich so nahe, dass

Die Kanonen auf die Gipfel zu schleppen, war eine gewaltige Anstrengung: Anfangs waren es die Standschützen, später kamen Kriegsgefangene zum Einsatz. Die Tabarettaspitze im Hintergrund.

man die Stimmen des Gegners hören konnte wie auf der Hohen Schneid. *Dr Nochber* sagten die Laaser Standschützen zum Gegner. An der Cevedalefront stand man sich mit mehr Abstand gegenüber. Die Verteidigungslinie des IV. Marteller Abschnittes verlief mit Feldwachen vom Königsjoch über die Kreilspitze, den Forno-/Cedehpass, das Schrötterhorn, Janigerscharte, Suldenspitze, Langenferner-Joch (Cevedalepass), Cevedaleplateau, die Zufrittspitzen, Cevedale bis hin zum Monte Pasquale. Die Gipfelbaracken wurden zum Schutz vor feindlichem Beschuss in Gipfelspalten hineingebaut wie auf der Königspitze oder ins Eis eingetieft wie auf dem Cevedale. Unter der Ortlerspitze sprengten sie eine großräumige Kaverne aus, die 30 Männer aufnehmen konnten. Die Positionen wurden mit Kanonen älterer Bauart bestückt, neuere hatte man nicht, und es wurden auch kaum welche geliefert. Deren Schussweite war gering, teilweise besaßen sie keinen Rückstoß. Die kleine Kanone am Ortler *hüpfte bei jedem Schuss wie ein Frosch* (Leutnant Haller – er schämte sich dafür, sagte er). Zudem musste sie nach jedem Schuss neu eingestellt werden. 1917 bekam das „alte Fräulein" Gesellschaft. Der Kanonentransport auf den Ortler ist legendär. Leutnant Haller wird an anderer Stelle darüber erzählen. Aber die Nachricht über die höchste Front verbreitete sich in Europa. Der große Asienforscher und Reisende Sven Hedin wollte sich ein persönliches Bild machen. Wollte sehen, wie Menschen das über lange Zeit überhaupt aushalten, ohne irreversible Schäden an Geist und Gesundheit zu erleiden. Hedin war auf der Payerhütte und am Ortler, war tief beeindruckt und kam aus dem Staunen nicht mehr heraus.

Die erste Kanone am Ortler. Leutnant Haller: „Sie hüpfte wie ein Frosch nach jedem Schuss!"

Leutnant Haller: „Gebirgskanone, auf Thurwieser feuernd. Immerhin konnten wir zeigen, dass wir auch etwas hatten!"

König Ortler im Abendlicht. Im Vordergrund die Payerhütte. Hier stellte sich auch ausländische Prominenz ein, wie der schwedische Entdeckungsreisende Sven Hedin.

Seilbahnen waren Dauerbelastung ausgesetzt. In exponierten Lagen wurden sie regelmäßig von der italienischen Artillerie beschossen. Leutnant Haller: „Sulden, Ortlerbahn."

„VERDRAHTET“

Im Jahr 1917 waren alle Gipfelstellungen mit einer Seilbahn erschlossen, welche die anstrengenden Trägerdienste, meist von russischen Kriegsgefangenen durchgeführt, nicht mehr notwendig machte. Immer noch begegnet man beim Aufstieg verrosteten Seilen, knochenbleichen Holzböcken, die ins Nichts ragen, Eisenteilen, Eisenklammern und deren mehr. Die Seilbahnen waren, so rudimentär sie auf historischen Bildern auch scheinen mögen, technische Meisterleistungen, deren Material ein Vielfaches an Belastung auszuhalten hatte. Es waren meist russische Kriegsgefangene, welche die schweren Seilrollen an Abgründen und Gletscherspalten vorbei in mühseligster Schwerstarbeit transportierten. An die 100 von ihnen zogen das „endlose Seil" vom Suldental über die Tabarettahütte auf die Payerhütte, eine Höhendifferenz von zirka 1200 Metern und eine Distanz von sieben Kilometern überwindend. Bei einer Kontrolle zählte man auf einem Tragseil auf einer Länge von zehn Zentimetern an die 70 Haarrisse. Trotz aller Überbeanspruchung der Bahnen waren Seilrisse erstaunlicherweise selten, der Riss des Tragseils der Suldenbahn auf die Payerhütte war lange Tagesgespräch, nachdem zwei Suldner Bergführer den Riss und Absturz wie ein Wunder überlebten. Gefürchtet waren Blitzschläge an den Gipfelstationen, die des Öfteren Opfer forderten. Nicht selten waren diese Seilbahnen handgetrieben, wie anfangs die auf die Königspitze, welche von der Schaubachhütte über mehrere Stationen mit einer Länge von 14 Kilometern knapp unter den Gipfel führte. Auch die Bahn auf die Hohe Schneid war handgetrieben und trug am Ausgangspunkt sinnigerweise eine Holztafel mit „Hohe Schneid Bahnhof". Die erste Seilbahn von Heilig Drei Brunnen in Trafoi hinauf zur Dreisprachenspitze wurde bereits im November 1915 in Betrieb genommen. Die Arbeiten, das Ausrollen tonnenschwerer Seilrollen, der Transport schwerer Balken, das Verankern und Aufstellen der Böcke wurden immer wieder von der italienischen Artillerie gestört. Der lästige Beschuss zog sich durch das gesamte Kriegsgeschehen. Die erste Trasse überwand einen Höhenunterschied von 590 Metern, die zweite hinauf auf die Dreisprachenspitze überwand eine freie Spannung von 2500 Meter Länge. Der Transport einer 300-kg-Ladung dauerte ungefähr 50 Minuten. Wie beschwerlich so ein Seilzug war, schildert lakonisch Josef Bauer:

Heute 2. Oktober (1917) mussten unser 70 Mann und 80 Russen nach (auf den) Vioz mit zwei Drahtseilen, das wir hatten, war 700 Meter lang, ein jeder 10 Meter zum Tragen, um halb vier kamen wir hinauf zum Gletscher und dann ging es nimmer mehr und wir mussten zurück. [...] Heute am 3. Oktober mussten wir wieder hinauf, das Seil ganz hinauftragen. Um 1/2 6 Uhr früh Kaffee, um 1/2 6 Uhr abends kamen wir zurück und bekommen Minasch, den Tag aber kein Maul voll zum Essen, aber dafür strenge Arbeit.

Was an den Bahnen nach dem Krieg nicht niet- und nagelfest war, wurde von den Alteisensammlern abmontiert, trotzdem stößt man beim Aufstieg über Gletscher und Felsengelände nach wie vor auf Reste. Genauso auf Munitionskisten mit scharfen Granaten, die auf den Bahnen transportiert worden waren.

Herausgegeben v. Deutschen und Oesterreichischen Alpenverein.
SPEZIAL-KARTE
DER
ORTLER-GRUPPE
Maasstab 1 : 50 000.
Herausgegeben vom Deutschen u. Oesterreichischen Alpenverein
Zeichen-Erklärung:
Piz Umbrail
M. Braulio
Stilfser Joch
Röthl Sp.
Trafoi
Gr. Nagler Sp.
Vedretta di Mte Cristallo
Cristallo Kam
Madatsch
Bagni Vecchi
Bagni Nuovi
BORMIO
Valle
Fumarogo
Valle di Sotto
M. Vallaccetta
Tola
Karte zu von Lempruck
Österreicher: Kampffront, ... Befestigungen 2. Linie, • Kanonenbatterie,
Befestigungen 3. Linie, ○ Haubitzbatterie, ▽ Mörserbatterie,
Wichtigste Seilbahnen, Brigadegren

Lempruchkarte: Österreichische und italienische Stellungen 1918

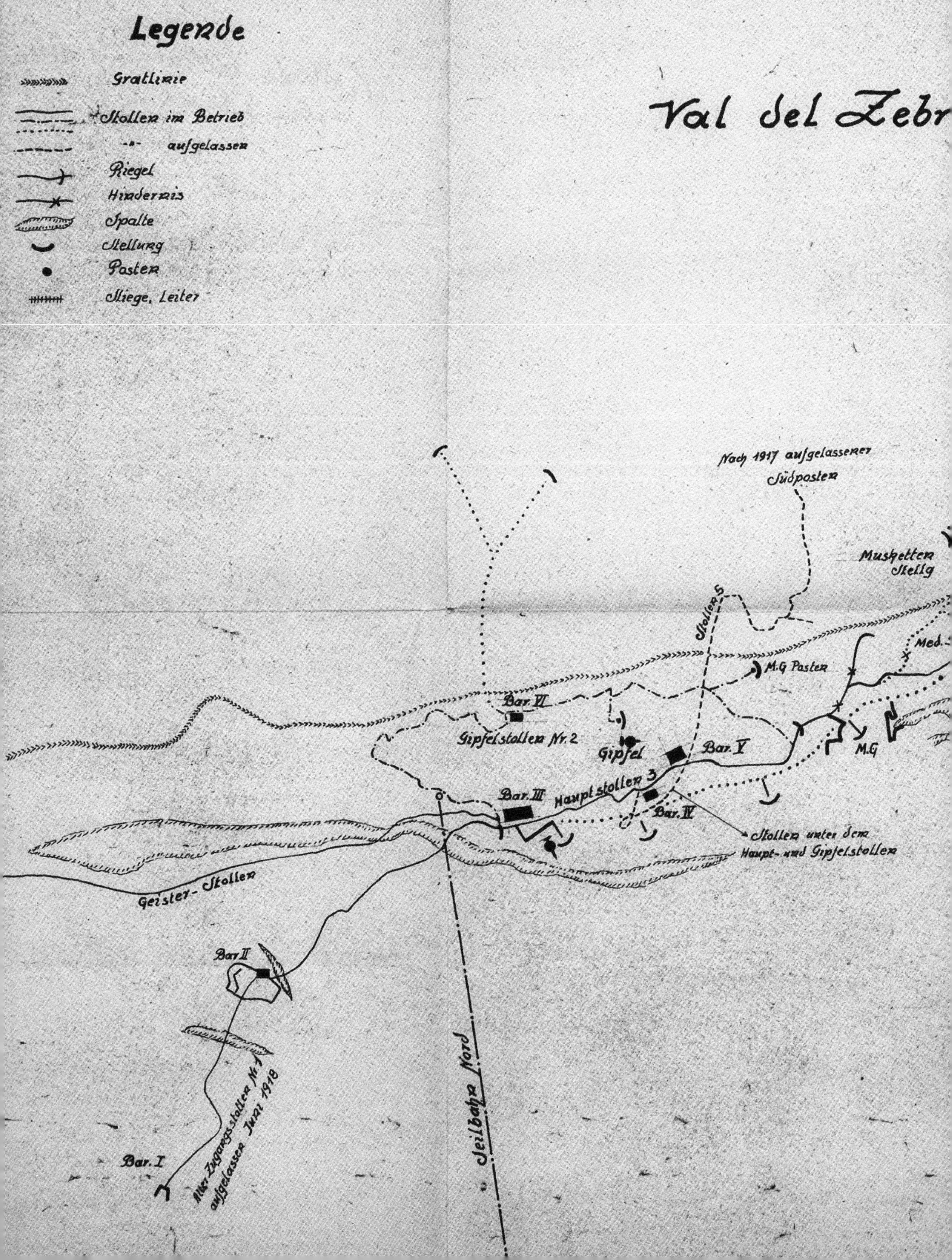

Legende
Gratlinie
Stollen im Betrieb
" aufgelassen
Riegel
Hindernis
Spalte
Stellung
Posten
Stiege, Leiter
Val del Zebr
Nach 1917 aufgelassener Südposten
Musketten Stellg
Stollen 5
M.G Posten
Med.
Bar. VI
Gipfelstollen Nr. 2
Gipfel
Bar. V
M.G
Bar. III
Hauptstollen 3
Bar. IV
Stollen unter dem Haupt- und Gipfelstollen
Geister-Stollen
Bar. II
Alter Zugangsstollen Nr. 1 aufgelassen Juni 1918
Bar. I
Seilbahn Nord

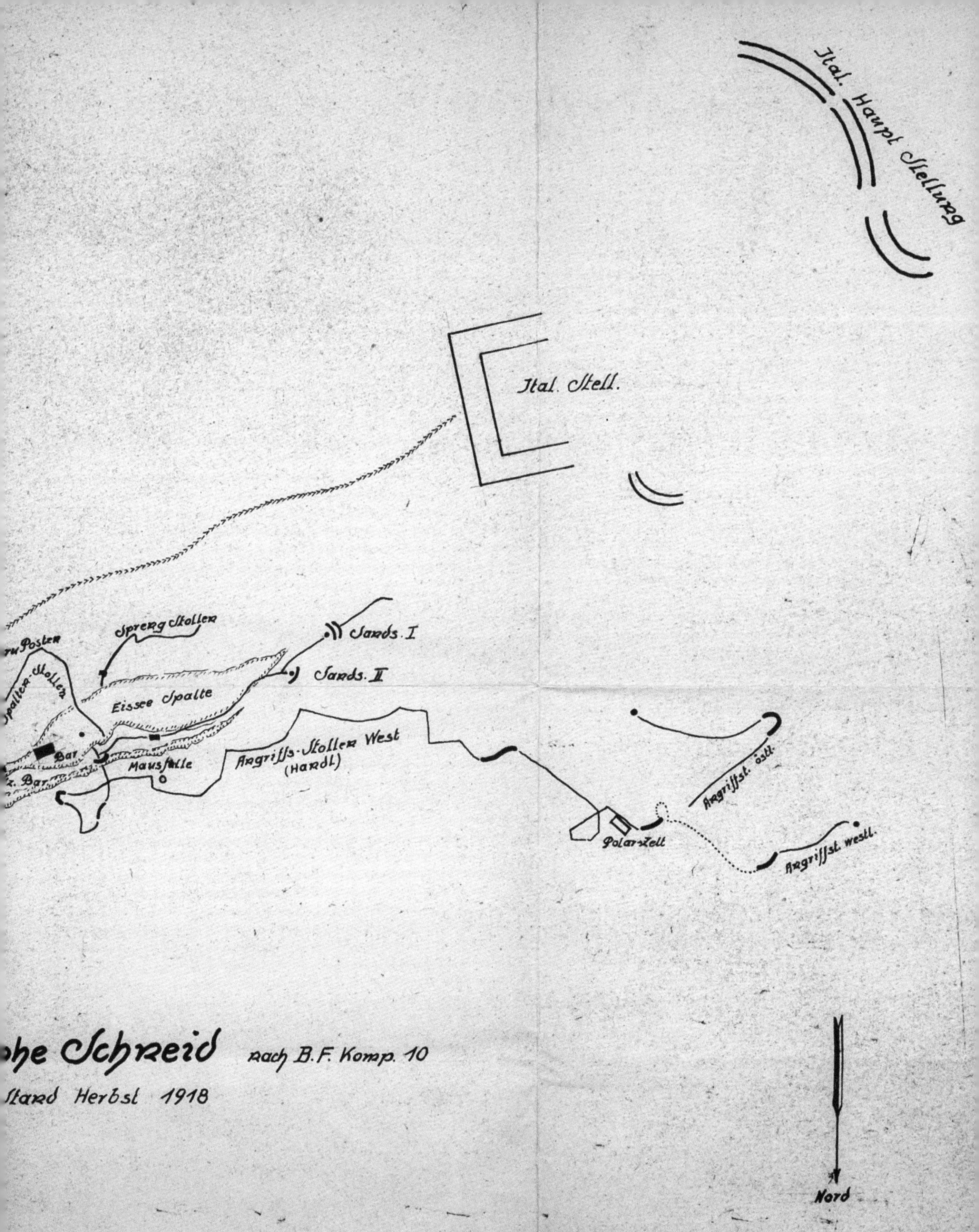

Das Stollenlabyrinth auf der Hohen Schneid. Leutnant Haller zu seinem Dienstantritt: „Ohne kundige Führung hätte ich mich in dem dunklen Gewirr heillos verirrt."

Da der Gegner genauso Stollen trieb, kam man sich an einigen Stellen so nahe, dass sie bewacht werden mussten.

IM BAUCH DER GLETSCHER

Eine Besonderheit waren Eiskavernen und Gänge im Eis der Gletscher, die vor feindlichem Beschuss schützten. Alpinreferent Dyhrenfurth beim Aufstieg zur Königspitze:

> Von den Italienern beschossen, verschwanden wir im Eisstollen, der in bedeutender Steilheit bis zur Gipfelbaracke hinaufführt. Dieser Eisstollen befand sich in miserabler Verfassung, denn in ziemlich großen Abständen waren doch Auswurflöcher für das Material notwendig gewesen, und durch diese Löcher war viel Neuschnee eingedrungen und erfüllte den Stollen zu zwei Drittel oder drei Viertel. An diesen Stellen war es sehr mühsam, sich durchzubohren. [...] Knapp unter der Spitze kamen wir in die berühmte herrliche Eisgrotte.

Der Standschütze Fritz Florineth wird über zwei Wochen eine davon unter der Hohen Schneid vermessen. Ein Leben lang wird er von den Farben und den riesigen Eiskristallen schwärmen.

Um vor dem Feind sicher zu sein oder ihn aus einer Gipfelstellung zu werfen, wurden kilometerlange Stollen ins Gletschereis gehackt. Der Angriffsstollen gegen die Italiener im Bereich der Hohen Schneid wurde von ihnen bemerkt und es blieb nichts anderes übrig, als diesen Stollen zu bewachen, um nicht durch einen Gegenangriff überrumpelt zu werden. So kam es, dass ein Standschütze in der Eiskaverne *nichts anderes als die Latrine bewachte*, wie es Leutnant Haller zynisch formulierte. Eine ganz besondere Geschichte ist die des Angriffstollens auf die Trafoier Eiswand, wo die – exzellenten – italienischen Artilleriebeobachter saßen. Nach dem Krieg war die Geschichte schon verklärt, von den Oberen zurechtgebogen und -geschrieben, waren die Ungereimtheiten vertuscht. Über drei Kilometer Stollen hatte man unter der Leitung von Hauptmann Molterer, Kommandant der Hochgebirgsstreifkompanie N. 30, in den steilen Hängegletscher getrieben. Begonnen wurde im Mai. 14 Meter am Tag fraß sich der Stollen mit einer Höhe von 1,80 Metern und einer Breite von 0,80 Metern vorwärts durch das Eis. Das Eis wanderte, man musste nachprofilieren, Spalten taten sich unvermutet auf oder es kam zu Einstürzen. Dann seilten sich Zugführer Simon Platzer und Engelbert Ortler, in Friedenszeiten Bergführer in Trafoi, außen ab, um die Eingeschlossenen zu befreien. An manchen Stellen ging es nur an Seilen hängend voran. Manch einer fiel aus, wurde seinen Husten nicht

Im Stollengewirr der Hohen Schneid

Die Stollen durch das Eis waren Verbindungsadern zu den Stellungen. Da der Gletscher wanderte, mussten sie regelmäßig nachjustiert werden.
Leutnant Haller: „Ortler."

mehr los, bekam es auf der Lunge oder konnte sich vor Rheumatismus kaum mehr rühren. Nach vier Monaten, am Morgen des 1. September, krochen sie am höchsten Punkt der Trafoier Eiswand (3553 m) ans Tageslicht, hinein in einen wilden Sturm, der sie in den Stollen zurückdrückte. Als sie das Maschinengewehr in Anschlag bringen wollten, mussten sie dessen zugefrorenen Verschluss erst warm reiben. Sie überwältigten den vollkommen überraschten italienischen Posten und seilten sich zu den 50 Meter tiefer liegenden Baracken ab. Ein grenzenlos erstaunter Alpino leerte gerade den Inhalt der Kehrrichtschaufel in den Schnee. Alles ging sehr schnell, an die 30 Alpini und zwei Offiziere wurden gefangengenommen, kein Schuss sei gefallen, erzählten die Trafoier Bergführer; allerdings warf ein nervös gewordener Angreifer eine Handgranate, die einem Alpino die Beine grässlich verstümmelte. Als die Italiener unten am Passo dei Volontari vom Handstreich erfuhren, setzten sie die Trafoier Eiswand unter schweren Beschuss. Der Nachschub auf die eroberte Stellung funktionierte nicht, die Ablöse schlecht. Die zweite Ablöse musste erst einen zehnstündigen Anmarsch von Trafoi aus bewältigen, das hieß: über die Franzenshöhe, über den Madatschgletscher zum Hinteren Madatsch, hinunter zum Trafoier Joch, hinauf zur Großen Schneeglocke, hinunter zum Stolleneingang – und dann zweieinhalb Stunden Aufstieg durch den Stollen. Vollkommen erschöpft hieß es, zur Waffe zu greifen. Der Gegenangriff der zahlenmäßig starken Alpini erfolgte nach vier Tagen; als die Verteidiger aufgeben müssen, ist die Hälfte der Mannschaft gefallen; Leutnant Kurzbauer, verwundet, und 16 Mann werden als Gefangene abgeführt. Einem einzigen gelingt die Flucht. Er springt auf den Hängegletscher und rast in die Tiefe, kugelt irgendwann in eine Spalte, erreicht den Angriffsstollen. Mehr tot als lebendig kommt er nach Trafoi: Bis heute erzählt man sich, er habe die Offiziere an einer vollen Weintafel angetroffen und sei zudem noch wegen Feigheit vor dem Feind zusammengestaucht worden. Leutnant Kurzbauer und seine Mitgefangenen wurden drüben in Bormio von den Italienern gesundgepflegt und wie Brüder behandelt und konnten bereits im Dezember 1918 heimkehren.

ALLE WETTER

In einer Meereshöhe von 3000 bis 4000 Metern sind an einem Tag alle Wetter möglich: Sonne, Temperaturstürze von 25 Grad, heftiges Schneetreiben, orkanartiger Wind, Hagel, Regen und dichter Nebel. Plötzlich kann Nebel einfallen, dass man die eigene Hand vor dem Gesicht nicht mehr sieht. Orkanartige Stürme deckten Baracken ab und verwundeten die Männer durch herumfliegende Trümmer. Gewitter wüteten. Standschütze Josef Bauer vom Baon Schlanders auf der Cima Nera schreibt 1917:

> Heute der 17. Juli. Das war eine Schreckensnacht für uns hier, um halb 1 Uhr nachts schlug der Blitz in der nächsten Feldwache ein, wo cirka 18 Mann darin waren und unser Posten bemerkte dieses; obschon es ihm selbst niederschlug, berichtete er uns dieses, da lief ich sofort mit einem Licht hinüber und fand sie alle noch in der Hütte unter Jammern und Hilferufe. [...] In der Hütte war alles Rauch und am Boden Feuer. [...] Die Mannschaft war alle verwundet und hatte schreckliche Brandflecken. [...] Eine Stunde später hatten wir Alarm und dazu hat es noch fürchterlich geregnet und finster wie in einem Sack.

Bei einem Blitzschlag auf der Königspitze mit mehreren Toten verlor auch der Urgroßvater von Melanie Platzer, die ihre Bachelorarbeit über das „Marodenbüchlein" schrieb, sein Leben.

Riesige Lawinen verschütteten Trägermannschaften. Im schneereichen Winter 1916/17 fielen bis zu acht Meter Schnee. Um nicht zu ersticken, musste die Mannschaft einer Baracke immer wieder den Eingang

Leutnant Haller: „An besonders ruhigen Tagen hörte man am Ortler das Grollen der Artillerie der Piavefront.“

Das Bild spricht Bände: in der Ortlerbaracke.

freischaufeln und die Ofenrohre aufstocken. Bei den Begehungen in den Neunzigern waren einem bei den Baracken im auftauenden Eis die vielen Ofenrohre aufgefallen, über deren Menge man sich anfangs keinen Reim machen konnte. Erst als man von den ungewöhnlichen Schneemengen erfuhr, verstand man das Warum.

Lawinenunglücke gab es immer wieder mit verschütteten Trägermannschaften, handelte es sich dabei um russische Kriegsgefangene, wurden sie ihrem Schicksal überlassen und niemand suchte nach ihnen. Ende Februar 1916 verschüttete eine Lawine die Baracke auf dem Kleinboden. Ortskundige hatten schon 1912 die Militärbehörden vergeblich gewarnt, die Baracke in den Lawinenstrich zu setzen. Die Nassschneelawine überraschte die Mannschaft beim Kartenspielen. Vier wurden vom schweren Holztisch erdrückt, einige erstickten durch den schwelenden Ofen. Einer überlebte mit eingeklemmtem Kopf zwischen zwei Balken. Aufrecht stehend konnte er den linken Arm ein bisschen bewegen. Mit unsäglicher Mühe gelang es ihm, die Hand in den Hosensack zu seinem Taschenmesser zu bringen. Fast ohnmächtig vor Kopfschmerzen begann er, den Balken, der seinen Kopf wie in einem Schraubstock gefangen hielt, hart an der Kopfhaut auszuschnitzen. Er schnitt sich dabei in die Kopfhaut, worauf ihm das Blut ins linke Auge rann und das Lid verklebte. Der Juckreiz und die Panik hätten

Rostende Konservendosen am Lempruchlager unter der Dreisprachenspitze

ihn fast verrückt gemacht, erzählte er nach Wochen, als er wieder sprechen konnte. Die Rettungsmannschaft habe der Verschüttete noch sagen hören, da brauchen wir nicht mehr zu suchen, die sind eh alle hin. Man fand ihn nach drei Tagen, lebend. Das linke Augenlid brachte er mehrere Monate nicht mehr auf.

„DRAHTVERHAU"

Für die Verpflegung sah das k. u. k. Landeskommando Tirol als Tagesration unter anderem zwei Kilogramm Brot, Kaffeekonserven, Rindfleisch, Gemüse, einen halben Liter Wein und Tabak vor. Abwechslungsreiche Kost sollte Darmkatarrhe vermeiden. Fleisch sollte nur in geringen Mengen und gut gekocht verzehrt werden. Und dann heißt es: „Gründlich kauen!" Wegen des niederen Siedepunktes entwickelte man auf den Gipfelbaracken den ersten primitiven Dampfkochtopf. In der Fachliteratur wird zwar der Franzose Denis Papin (1647–1712) angeführt, doch war sein Modell weder praxistauglich noch bekannt. Schon gar nicht oben an der Ortlerfront in den ersten zwei Kriegsjahren konnten noch genügend Lebensmittel, Getreide und Schlachtvieh bei den Bauern requiriert werden. Aber dann setzte ein fataler Kreislauf ein, in der Landwirtschaft fehlten die Arbeitskräfte, die Erntemengen gingen massiv zurück, Zugtiere mussten gestellt werden und wurden dann geschlachtet. Ab 1917 wurde die Verpflegung immer eintöniger, gegen Ende des Krieges bestand eine Ration offiziell aus 125 Gramm Maisbrot und sechs Gramm Fett, dazu Dörrgemüse, „Drahtverhau", Stacheldraht im Soldatenjargon. Das Pikante daran: Der Spottbegriff Drahtverhau wurde als „defätistisch" verboten. Oft wurde das Essen in

Standschützen beim Essen: „Im ersten Jahr war das Essen gut!"

tiefer liegenden Barackenlagern oder Hütten gekocht und auf Seilbahnen zu den Gipfelstellungen hinaufbefördert, wo es kalt oder schon leicht gefroren ankam. Hatte der Feind Sicht auf die Bahn, machte er sich einen Jux daraus, in die Töpfe zu schießen, die dann des Öfteren leck und leer ankamen, wie der Standschütze Fritz Florineth von der Hohen Schneid erzählte. Oder etwas in der Verteilung stimmte nicht: Da kamen an der Ortlerstellung einmal nichts als Krautköpfe an. Gegen Ende im Herbst 1918 konnte ein Soldat von Glück reden, wenn er eine halbe Konserve ergatterte. Auf dem ehemaligen Lempruchlager auf der Dreisprachenspitze künden heute noch rostige Konserven von der einstigen dürftigen Versorgungslage. Am 19. und 20. Juli 1918 streikten an der Cevedalefront 150 Soldaten und verweigerten den Dienst.

MAISBROT, „SCHLECHTE LUFT" UND MAGENSCHMERZ

Die tägliche Brotration war von 700 Gramm auf 350 Gramm herabgesetzt worden. Für den befehlshabenden Offizier Dyhrenfurth eine sehr brenzlige Lage: Er konnte nicht einfach 150 Männer wegen Insubordination erschießen lassen. Als nach eingehenden Verhandlungen mit dem Abschnittskommandanten die Ration wieder heraufgesetzt wurde, brachen die Männer nach zwei Tagen Arbeitsverweigerung den Streik ab. Brot wurde mit Mais- und Sägemehl gestreckt. Leutnant Rudolf Nack vermerkt

Offiziere leisteten sich noch im Sommer 1918 ein „Gabelfrühstück" im Hotel Post - als die Soldaten schon hungerten.
Leutnant Haller: „Offiziersmesse in der Schaubachhütte 1917."

am 4. Juni 1918 auf der Königspitze im Tagebuch: *Verbreitete ziemlich unangenehme Düfte auf dieses elende Maisbrot hinauf.* Als Offizier aber isst er immer noch gut (17. August 1918):

Mittags war sehr gutes Essen. Zuerst Suppe, dann Kalbsragout mit Butterteigplatten, Braten mit geschmorten Kartoffeln und Preiselbeeren, dann Bäckerei. Ganz anders Standschütz Bauer auf der Cima Nera: (1.11.1917 Allerheiligen) Auf Mittag Dörrgemüs-Suppe und Fleisch, anstatt in der Heimat eine Schüssel voll Kiachl und Knödl. (...) Um 10 Uhr bekam ich einen furchtbaren Magenschmerz, drei Stunden lang, der Doktor war lei zum Glück bei der Hand, sonst weiß ich nicht, wie's gegangen währe mit mir.

Das Durchschnittsgewicht eines Soldaten betrug bei Kriegsende katastrophale 57 Kilogramm. Ambrogio Pedranzini aus Bormio war während des Krieges Koch für die Alpini am Passo dell'Ables. Für ihn war der Krieg ein Konflikt von außen, der hereingetragen wurde in eine friedliche Nachbarschaft. Wie in allen Passlandschaften kannte man sich hüben wie drüben am Stilfser Joch: *Eravamo amici*, wir waren Freunde! Als 95 Jähriger erinnerte er sich: *Quando è venuta tutta sta roba americana, sapevamo che avremmo vinto la guerra. Quelli altri là non sono stati vinti da noi, sono stati vinti dalla fame*, als das ganze Zeug aus Amerika kam, war uns klar, dass wir den Krieg gewinnen würden. Die dort sind nicht von uns, sondern vom Hunger besiegt worden! *Da noi mai fame*! Bei uns gab es nie Hunger! Er zählte die Tagesration eines italienischen Alpino auf: Bohnenkaffe

Zurückgeblieben: Die unversehrt erhaltene Sanitätskiste aus dem Krieg, gefunden im Dachgeschoss des Hotel Post in Sulden

und Brot in der Früh, zu Mittag und Abend einen großen Wecken Weißbrot (*pagnotta*), *pastasciutta*, gekochtes Fleisch mit Brühe. Vorne an der Front gab es zusätzlich eine kleine Tafel Schokolade. Nur eines hatte man auf österreichischer Seite genug: Tabak. Den tauschte man heimlich mit Weißbrot von den Italienern. Einmal sah Leutnant Haller vom Ortlergipfel aus drüben auf der Schulter der Königspitze Männer, die sich von der italienisch besetzten Schulter in Richtung Gipfelstellung der Königspitze bewegten. Schon wollte er den Befehl zum Artilleriebeschuss erteilen, als er doch Zweifel bekam und anrufen ließ – die Stellungen waren alle telefonisch miteinander verbunden – und die kleinlaute Antwort bekam, dass es sich „nur" um eine Tauschaktion handelte.

DAS „MARODENBÜCHLEIN"

Der Verfasser beging zum ersten Mal 1992 die Stellungen der Ortlerfront mit den Bergführern Olaf Reinstadler und dem später verunglückten Kurt Fritz. Er kam in Kontakt mit Konrad Knoll, einem Suldner Hotelier und eifrigen Militaria-Sammler der Eisfront. Von ihm bekam er das sogenannte „Marodenbüchlein" in die Hände. Gefunden hatte es Olaf Reinstadler im Bereich des Hinteren Madatsch. Es handelte sich um ein Heft, das in Tabellenform die Krankheitsfälle des Standschützenbataillons Glurns auflistet. Die große Bedeutung dieses unscheinbaren „Büchleins" war dem Verfasser sofort klar. Im Buch *Zeit im Eis* (Marseiler, Bernhard, Haller) ist es entsprechend gewürdigt. Die junge Suldnerin Melanie Platzer – ihr Urgroßvater war Standschütze auf dem Ortler und der Königspitze – wurde durch das Buch auf das Marodenbüchlein aufmerksam, das inzwischen transkribiert worden war. Als Studentin am Institut für Zeitgeschichte an der Geisteswissenschaftlichen Fakultät der Universität Innsbruck widmete sie ihre Diplomarbeit dem „Marodenbüchlein", eine sehr genaue, ausführliche, aber auch einfühlsame Arbeit, die dem Thema gebührenden Respekt erweist.

Der Organismus wird im Hochgebirge viel schneller müde und die Kraft im Allgemeinen schwindet. Die Erholungsphasen werden länger. Genügend Nahrungsaufnahme ist wichtig, um den Körper warm zu halten, ist sie zu gering, sinkt die Körpertemperatur. Der Organismus wird anfällig für Krankheiten. Jede Standschützenkompanie an der Ortlerfront hatte ein Marodenbüchlein anzulegen. Das Wort marod ist im Österreichischen noch lebendig und bedeutet leicht krank, abgekämpft. Laut „Duden" stammt es ursprünglich aus der Soldatensprache des Dreißigjährigen Krieges als marschunfähig [...] zu Französisch maraud. Das aufgefundene Büchlein trägt den Titel *Baon. Glurns II. Komp. Marodenbuch* beginnt mit dem 21. September 1915 und endet am 15. Dezember 1916. Es ist hervorzuheben, dass es eine Zeit abdeckt, in der die Versorgung der Standschützen noch einigermaßen gut war. Trotzdem lassen sich summarisch vor allem Magen- und Darmerkrankungen ausmachen (*Magenkatarrh*), aber auch Erbrechen, Durchfall und Verstopfung. Öfters wird ein nicht näher beschriebener *Rheumatismus* diagnostiziert. Häufig treten Angaben zu Erkrankungen des Brust- und Rachenraumes auf, wie Angina, Husten, Bronchitis, *Influenza*. Blasenerkrankungen scheinen ebenfalls mehrmals auf. Nicht verwunderlich, denn Kälte und Nässe drangen durch die Kleidung ein, die schwerlich trocknete. Genau ist im Büchlein die Heilungsdauer angegeben, die sich meistens in *1 Tag dienstfrei, nach Behandlung diensttauglich* oder *nur leichte Dienste* erschöpften. Zehenentzündung kann als Erfrierung verstanden werden. Einige schwere Fälle mit Herzleiden, Kropf, Zahnbehandlung, Lungenentzündung, schwerer Bronchitis, Leistenbruch wurden über Seilbahnen zu Tal und ins Spital nach Spondinig und/oder Meran) gebracht. In dem angeführten

Datum
Charge
Name
Krankheit
Unterschrift des Arztes
Stecher Alois
Rorhofer
Hellrigl
Janecek

Das berühmte „Marodenbüchlein" aus dem Jahr 1915. Akkurat sind die Krankheitsfälle der Gebirgssoldaten angeführt. Diagnosen führen Brustkatarrh, Influenza, Ohrenabszesse, eitrige Wunden und Magen-Darm Erkrankungen an. Schussverletzungen sind selten.

Leutnant Haller: „Ortler."

Zeitraum werden nur zwei Schussverletzungen als Streifschüsse angeführt. Das dauernde Stapfen im Steilen brachte Haltungsschäden mit sich. Wenn der Standschütze Fritz Florineth aus Laas auf dem Weg zum Heimaturlaub ins ebene Tal kam, musste er feststellen: *Oan Hax isch ollm z' long und der ondere z' kurz gwesn!* (Ein Bein war immer zu lang und das andere zu kurz.)

Es gibt eine Tonbandkassette mit einem Gespräch, das Norbert Florineth, Lehrer und Autor, mit seinem betagten Vater Fritz geführt hat. Es diente dem Verfasser für ein Feature, das in „Zeit im Eis" erstmals erschienen ist. Hier eine gekürzte Fassung.

ZEIT IM EIS: IN MEMORIAM FRITZ FLORINETH

Seine Erinnerungen tragen die Farbe Blau. Für zehn Tage hatte man ihn strafversetzt. Zehn Tage lang, bis zur nächsten Ablöse, nahm er morgens die Strickleiter vom Nagel an der Barackenwand, stapfte hinaus in den Eistunnel, bog seitlich ab, erreichte über eine enge nach oben führende Eistreppe das Freie. Die Augen schmerzten jedes Mal, wenn die gleißende Helle durch die zusammengekniffenen Lider schoss und im Kopf zu explodieren schien. Dann wartete er immer ein paar Atemzüge, rieb sich mit Schnee den Barackenruß aus dem Gesicht und blinzelte ins Schneefeld. Er brauchte nur den Spuren des Vortages zu folgen, die ihn an einen Spaltenrand brachten, wo er die Strickleiter mit dem Eispickel verankerte und sie in die Tiefe abrollen ließ. Vorsichtig balancierend stieg er ab. Kühle kroch aufs Neue in die Uniform, nichts Neues für ihn, der seit zwei Jahren in Eislöchern hauste; neu war nur diese Aufgabe: Gletscherspalten vermessen. Alles um ihn herum war blau, blau die Dämmerung, die ihn umfing, die allmählich vor ihm

Leutnant Haller: „Hohe Schneid im Geisterstollen."

vom samtenen Tiefblau ins Schwarz überging. Jedes Mal, wenn er hinaufschaute, staunte er über die Farbtönung, die immer heller wurde, Streifen und Schichten zeigte, manchmal hellgrüne Adern bildete, ganz oben aquamarine Halbkugeln in den Spaltenhimmel schob, der sich rechts und links durch ein immer heller werdendes Blau, Schnee, durch den das Tageslicht schien, ankündigte. Dann die Öffnung, der Himmel, wie ein Auge, dachte er jedes Mal und dachte auch, wie schön eigentlich Gefahr und Tod sein können, diese hintertückischen Spalten von unten gesehen mit der sich verdünnenden Schneebrücke. Dann die Grotte. Irgendjemand hatte sie Wundergrotte getauft, vielleicht zehn, zwanzig Meter hoch war die Decke, von der Säulen in allen Formen nach unten wuchsen. Im Dämmerlicht funkelten die Eiszapfen, in langen

Leutnant Haller: „Hohe Schneid im Geisterstollen."

Reihen unterschiedlicher Länge, manchmal drehte sich einer nach außen seitwärts ab, wie das Horn einer *tschunggeten* Kuh, dachte er oft; mitunter wulstete sich die Decke wie aufgequollene Baumschwämme, die sich bei genauerem Hinsehen als Myriaden von Eiskristallen entpuppten; fiel mehr Licht in Nischen, leuchteten riesige Eiskristalle auf, deren Durchmesser er maß und ungläubig in sein Buch eintrug, 25, 29 Zentimeter. Es kam anfangs vor, dass einer der Soldaten so einen Kristall ganz behutsam löste, ihn in die Fäustlinge bettete, in die Baracke trug, auf den groben Holztisch legte und die Petroleumlampe dazustellte. Dann leuchteten die filigranen Spitzen und Zacken und die wie kunstvoll zugeschliffenen Flächen auf in irisierenden Farben, die Regenbogenspiele hielten nicht lang vor den staunenden Augen und den offenen Mündern, bis ein Zyniker brummte, man könne sich das Ding ja mit auf die Pritsche nehmen, wenn man von dem gottverfluchten Eis schon nicht genug habe. Sein Weg führte ihn, wenn er in der Grotte war, am Posten beim „Polarzelt" vorbei, der den sogenannten Angriffsstollen bewachte, einen steil aufsteigender Stollen, der eigentlich zur Baracke der Italiener hätte führen sollen, die aber, wie sich herausstellte, unangreifbar auf hartem Felsen des Nebengipfels saßen. Die ganze Mühe des Stollenbaus war umsonst gewesen, mit Meißel und Hammer hatten sie wochenlang gearbeitet, versucht, so wenig Lärm als möglich zu machen, den Auswurf in Körben weggeschleppt und in tiefere Spalten geschüttet. Irgendwann hätten sie laut Berechnung des jungen Offiziers dann unter der italienischen Baracke sein sollen, doch da schimmerte plötzlich durch das verwaschene Weiß des Gletschers ein rötliches Licht durch, das sich nach rechts weiterbewegte: Die Italiener hatten dieselbe Idee gehabt. Seitdem bewachte ein Posten den Zugang zum Stollen, eigentlich bewachte er aber nur die steinhart gefrorene Latrine. Nein, recht schlau waren die oft ortsfremden Offiziere nicht, verstanden wenig von Wind und Wetter, und hielten nicht sonderlich viel von den Standschützen. Umgekehrt natürlich auch.

Draußen heult der Sturm. Ägyptische Finsternis. Zwei Mann sind ununterbrochen damit beschäftigt, den Eingang zur Baracke freizuschaufeln; kaum gönnen sie sich ein paar Minuten Ruhe, ist der Eingang bereits wieder zugeweht, der Ofen raucht, aus dem Schürloch qualmen weißer Rauch und Dampf, sie blasen sich die Lungen aus dem Leib, um die glimmende Sägemehlglut nicht ausgehen zu lassen, *lai 's Fuir it verreckn lossn!*, und wieder müssen sie hinaus, den Eingang frei machen, wenn es geht, auch einen Meter Ofenrohr auf das bereits bestehende aufzusetzen. Ein fast unmögliches Unterfangen im Schneesturm mit drei Meter Neuschnee; sie werfen sich bäuchlings in den Schnee, drücken ihn nieder, arbeiten sich so allmählich an das zugewehte Ende des Kamins heran. Zurück in der Baracke, dürfen sie sich ganz nahe an den Ofen setzen, der Schnee schmilzt von ihrer Uniform, zu ihren Füßen bildet sich eine Lache. Dann poltert weiß wie ein Schneegespenst der Posten herein: *Bei dem Wetter holtet's dr Much nimmer aus!*, und hängt das Gewehr an die Wand, in der sicheren Annahme, dass es der Gegner wohl auch so halten würde. Wenig später stürzt ein Leutnant herein, ein Fremder, wie die Standschützen die Tschechen, die Polen, die Ungarn, ja selbst die Wiener nennen, brüllt: *Was, keiner auf der Wache?*, und schaut herausfordernd in die Runde. Sagt ein Laaser ganz bedächtig: *Sell weard dir aa heint niamat außi gian!* Die Pistole hochreißen, wild mit der Waffe fuchteln und schreien, ist eins: *Was, Befehlsverweigerung?* (Was es ja war und was an Ort und Stelle geahndet werden konnte.) Da löst sich aus dem Hintergrund eine Gestalt, ein Riesenmensch, ein Stotterer und auch sonst nie der Schnellste, aber für tauglich befunden, ist mit ein paar Schritten am charchierten Schreier, fasst ihn an der Koppel, klaubt ihn auf, lässt ihn in der Luft zappeln, schaut ihn von unten an und sagt: *Wos willtu Pfetzer?* (Was willst du Fetzer = Grünschnabel?) Und lässt den Käsebleichen – und auf einen Schlag Verstummten – wieder zu Boden. Seitdem hatte bei gleichem Wetter nie wieder jemand auf Posten aufziehen müssen.

Vergeblich mit Klagen an den Kaiser

Die Standschützen hatten mit den aktiven Offizieren ihre liebe Not. Sie wurden oft von ihnen kujoniert, zu schweren oder wenig sinnvollen Arbeiten abkommandiert, beschimpft und anderes mehr. Neue Offiziere kamen, ortsfremd und aufgeblasen. Es ging nicht gut mit dem Neuen, es ging nicht gut mit den Fremden. Dann hieß es, der Kaiser kommt zu Besuch, von Meran würde er ins Schnalstal fahren. Dem wird man schreiben, der hat immer ein offenes Ohr für die Tiroler, dem werden sie ihre Nöte klagen. Die Standschützen des Baons Laas setzen den Brief auf und bestimmen, wer den Brief überbringt. Dazu war er ausersehen, der Spaltenvermesser. 48 Stunden Urlaub zu bekommen, war nicht sonderlich schwer; er stieg ab, traf in Schlanders einen ihm bekannten Advokaten, der ihn zu begleiten sich bereit erklärte. Sie kamen nur bis zu den Chargen unten am Bahnhof Schnalstal, an den Kaiser kamen sie nicht heran, man nahm ihnen den Brief ab und schickte sie zurück. Die Rückkehr wurde alles eher als ein Triumph, die Vorgesetzten, von den Hofchargen bereits verständigt, hatten wegen Umgehens des Dienstweges schon Rache geübt, seine Kameraden alle irgendwohin strafversetzt – er selbst abkommandiert zum Vermessen von Gletscherspalten. Das Vermessungsbuch, in das er die Ergebnisse eintrug, müsste eigentlich immer noch oben sein, meinte er viele Jahre später. Oben, irgendwo im wunderbaren, nicht-irdischen Blau der Geisterspalte. Man wurde blind für die Schönheiten der Natur. Eine Natur, die für sich selbst war, in einer unendlichen Gleichgültigkeit für Menschliches. Die bizarren Dome der Gletscherbrüche, die

Erste Messe auf der Königspitze mit dem Feldkuraten Kneringer

Leutnant Haller: „Eisbruch am Ortler. Heute sind die Eismassen sehr stark weggeschmolzen."

Wolkentürme über der Bernina, den Dolomiten, den Ötztalern, das Glitzern der Kristalle in der Morgensonne, die Abendröte, das flaumige Weiß des Neuschnees – es brauchte nicht das menschliche Auge, es war einfach da, für sich. Auch wenn man im Winter nach Wochen der Stürme und der Finsternis sich nicht sattsehen zu können glaubte am Licht, es stellte sich höchstens Schneeblindheit ein, oder man rannte tagelang mit Schlieren und Flecken in den Augen durch die dunklen Stollen. Sie gewöhnten sich an den ewigen Winter. Und an alle Wetter. Sie lernten, die Natur genau zu beobachten, entwickelten einen sechsten Sinn.

Die Lawine

1916/17 war das Jahr der gewaltigen Schneefälle, zusammengezählt wäre man auf eine Schneehöhe von 30 Metern gekommen. Damals waren sie auf der Franzenshöhe stationiert. Zehn Tage lang hatte es im Wind ununterbrochen geschneit, zehn Tage lang hatte es keinen Himmel gegeben, nur die vier Wände der Unterkunft, draußen wusste man nicht, wo oben und unten war. Tag um Tag wurde die Angst vor der Lawine größer, man konnte sie förmlich riechen, während die ungeschlachten Hunde vom Train, mit denen sie manchmal spielten und unbeholfen zärtlich waren, sich unerwartet hinsetzten, die Schnauze hoben und das Unbekannte *anluurlten,* ein Ton, der durch Mark und Bein ging, *Sultan, hear auf iatz*, das Tier legte sich wieder knurrend hin, doch in den Augen des Tieres nistete Angst. Eines Abends stürmt der Major herein, dass mir ja keiner hinausgeht heute Abend, wollte auch keiner, man spürte sie förmlich, die Lahn; sie hatten es beobachtet und wussten, Neuschnee im Wind bläht sich auf wie ein Krapfen, dann bleibt nichts anderes als lähmendes Warten und hoffen, dass die „Windlahn" nicht gerade auf sie niedergeht. *Wenn sie reif ist und bricht*, erzählte er später, *pfeift sie, und beim Pfeifen ist sie auch schon da*. Er hatte nur in den Gang hinausgeschaut, da war ein Pfeifen und ein Druck, der ihn unter die Stiege warf, und ein tosendes, gewaltiges Etwas, das über die Treppe hinaufstob und krachend in Finsternis erstarb. Stille. Wimmern der Hunde. Gequetschte Hilferufe, Röcheln, unmenschliches Stöhnen. Wie ein Vieh beim Verrecken. Schreie, ein babylonisches Sprachengewirr: Ungarisch, Russisch, Polnisch, Tschechisch und das Trentinerisch des Sanitäters. Dann: d*er Ofen, der Ofen, wir werden vergast*. Und dann wohl auch: Beten. Und: *Helft uns heraus!* Er hatte sich frei machen können, Mund und Ohren vom Schnee gesäubert und geschaut, wer noch da war. Zum Schluss waren die meisten noch glimpflich davongekommen.

Absteigen

Urlaub: hinuntersteigen. Einmal, in der Heumahd, sind sie hinuntergestiegen nach Trafoi; solange sie auf dem Geröll der Gletschermoräne gingen, sei alles noch gut gegangen, als sie aber die ersten Almweiden und danach die Wiesen erreichten, hätten sie fast nicht mehr schnaufen können, die Luft kam ihnen so dick, so schwer vor. Talaus auf der Straße seien sie getorkelt wie Besoffene, pflegte er zu erzählen, vor lauter Steigen seien sie nicht mehr gewohnt gewesen, geradeaus und ebenerdig dahinzugehen. Das Bedürfnis, sich niederzulegen und sich am Boden auszustrecken, sei übermächtig geworden, und nur der Gedanke an daheim und die Kürze des Urlaubs (48 Stunden) hätten sie auf den Beinen gehalten. Nie erzählte er, wie das Heimkommen war. Die Mutter wird ordentlich gekocht haben und geschürt für warmes Wasser für den Badezuber. Vielleicht saß er dann so lange am Küchenfenster, schaute hinunter in den ummauerten Hof mit dem riesigen Palabirnenbaum, sah, wie das Nachbarstöchterchen mit der *Focknkånndl* und den *Hennenpfarfln* den Hof zum Stall überquerte, spürte, wie etwas wie Wut aufkam gegen die sinnlose Eislöcher-Existenz da oben. Abends saß man auf der Bank vor dem Haus, hörte zu, was es Neues gab im Dorf: Der und der gefallen oder vermisst. Ein Gang ins Gasthaus gehörte dazu. Saßen eh fast nur Alte da und ein paar ganz Junge, gerade im Stimmbruch. *Erzähl, erzähl, wie ist's da oben.* Der Ernst des Krieges verwandelte sich in Anekdoten. Er lachte ein bisschen mit, während das rostige Stimmbruchlachen der vaterlosen Halbwüchsigen immer viel zu laut und überdreht klang. Zu lachen gab es nichts mehr: Der Gendarm hat die Garben gezählt auf dem Acker, hatte die Mutter gesagt, als er nach der ersten Begrüßung gefragt hatte, wie's so geht.

Die „Muusi"

Daheim, vor dem Schlafengehen, beim Öffnen des Schranks, blinkte ihm sein Flügelhorn entgegen. Während er mit den Fingerkuppen über die Rundung fuhr, fiel ihm die Militärkapelle oben am Joch ein, in der er gelegentlich spielte. Da sprangen sie ihn wieder an, die Scham und der ohnmächtige Zorn. Herbst war es gewesen, der Himmel so klar und die Stellungen der Italiener zum Greifen. Sie hatten mit der Kapelle gespielt, oben an der Front, schneidige Märsche, und im Spielen hatten sie alle vergessen, dass Krieg war. Auch der Feind, die Italiener. Sie waren aus den Gräben gestiegen, aus den Baracken getreten, heraus aufs freie Schnee-, auf das Schussfeld. Der Applaus kam von beiden Seiten und das Bravo, da capo klang auf beiden Seiten gleich. Und wieder der Taktstock des Kapellmeisters, wieder ein schmissiges Stück und

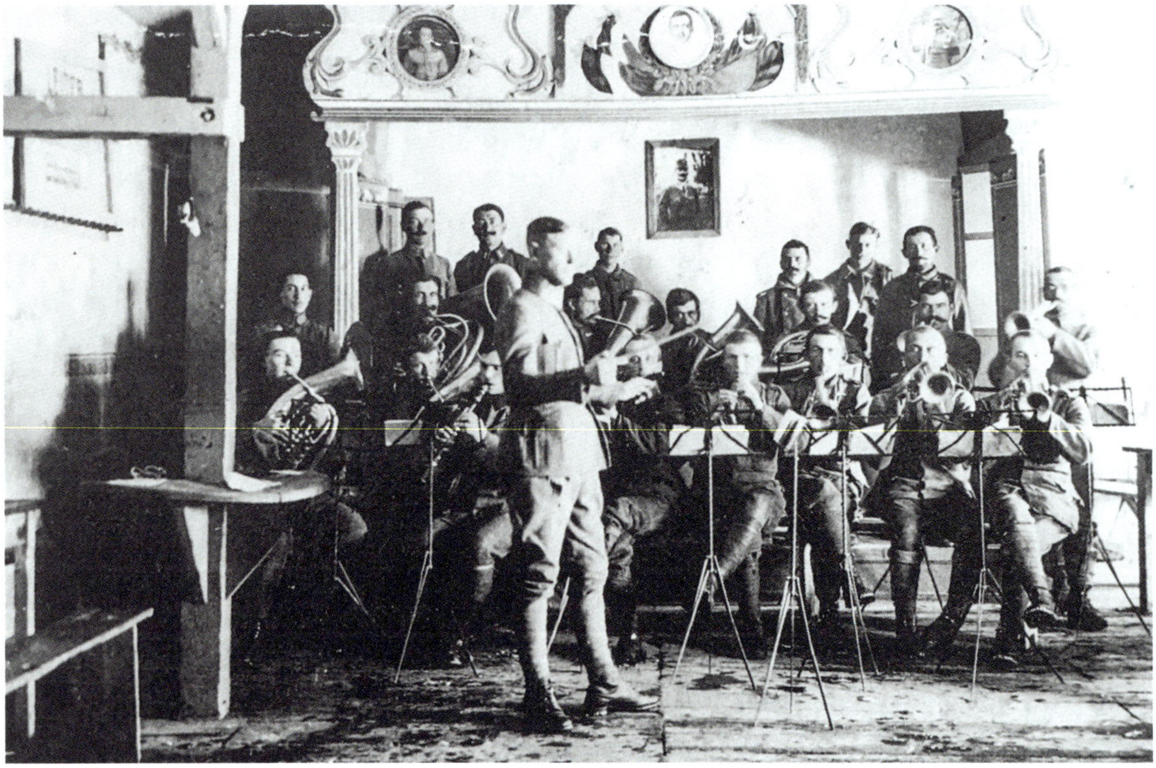

Die Militärkapelle im Frontabschnitt Stilfser Joch

wieder Bravo, *Bravi gli austriaci* von unten. Bis jenes angetrunkene Offizierl gekommen war, das Geschütz hatte in Stellung bringen lassen und den Befehl zum Feuern gegeben hatte. Feuer hinunter aufs Schneefeld. Die Luft blieb den Musikanten in der Gurgel stecken, und der Ton war in den Instrumenten verreckt. Nie mehr in seinem Leben hat er sich so geschämt wie damals. Er war, als er die Geschichte erzählte, ein sehr alter Mann. An dem Tag, sagte er, sind nicht nur die Menschen gestorben, an dem Tag wurde vom Krieg auch die Musik umgebracht. Und seine Stimme zitterte vor Zorn und Scham.

Vom Feind sprach er später immer mit Hochachtung, nie fiel ein abschätziges Wort. Auf der Hohen Schneid standen sie sich in sieben bis acht Metern gegenüber, manchmal, morgens oder vormittags, hörte man den Gegner lachen und reden; auf dem Weg zur Feldwache musste man an schmalen Schießscharten im Eis vorbei:

Er hätte uns jederzeit erschießen können, dort. Na, na, der hat sich da oben nobel verhalten. Die Walschen sain nobel gweesn, dreißig Toog long isch kuan Schuß gfolln.

... pflegte er immer zu betonen, wenn er von seiner Zeit auf der Hohen Schneid sprach. Aber er vergaß nie hinzuzufügen, dass diese unausgesprochene Waffenruhe nur im Berg drin galt. Wurden die Italiener abgelöst, ließen sie das ihre Gegner wissen. Dann musste man erst einmal schauen, was die Neuen taten. Man hatte es als einfacher Soldat auf beiden Seiten nicht leicht mit seinen (eigenen) schneidigen Offizieren.

Trotzdem: Krieg ist eine ernste Sache. Am Ende des Eisstollens am Zebrù-Posten musste man sich ganz in die Nische der Schneewand drücken, denn die

Die Naturbedingungen für die österreichischen Soldaten und die Standschützen waren im Vergleich zu den Italienern viel ungünstiger: Gletscher, Kälte, sehr lange, beschwerliche Anmärsche. Bild im Bereich des Trafoier Jochs.

italienischen Scharfschützen zielten gut. Und immer wieder das Krachen der Granaten, das aufspritzende Eis, wenn die italienische Artillerie wieder einmal die Versorgungskiste der Hohen-Schneid-Bahn beschoss; manchmal trafen sie, und dann war Schmalhans Küchenmeister und es gab die üblichen Konserven. Und die übliche Verstopfung. Drüben am Kleinen Scorluzzo hämmerte dauernd die Artillerie; dort war er – seine Kompanie wurde verliehen, wie es die Oberen gerade brauchten – weil sich der Koch in die Hand gehackt hatte, kurzerhand an den Herd kommandiert worden, und genau da krachte ein Schrapnell in den Kessel, worauf es kein Mittagessen gab und ein älterer Laaser Standschütze tröstete, man könnte doch den zerschossenen Kessel mit heim nehmen, um zu zeigen, wie *glaim* man da oben am Feind sitze und wie *glaim es mit der Menasch* zugehe.

Der „Nachbar"

Einer von den Standschützen war von Leutnant Haller erwischt worden, die Spuren im Schnee hinüber zum feindlichen Graben hatten ihn verraten. Scharf zur Rede gestellt, hatte der Standschütze gestanden, drüben mit den Italienern Tabak gegen Reis getauscht zu haben. Auf unerlaubtem Kontakt mit dem Feind standen schwere Strafen, das wussten sie alle, und das wusste auch der vor Angst schlotternde Mann; Leutnant Haller verzichtete auf eine Anzeige und ließ ihn nach einer Standpauke laufen, was dem Leutnant in den Augen der Mannschaft große Achtung eintrug: *Gachamool hot aa a Gschtudiertr a Hiirn.*

Doch wie soll man keine Kontakte pflegen, wenn man sich womöglich noch aus Friedenszeiten her kannte? In Laas hatte es vor dem Krieg eine

k. u. k. Steinmetzschule gegeben, die auch von jungen Männern aus der Lombardei besucht wurde. Er kennt das Bild aus Friedenszeiten: Die Italiener, Schüler der Marmorfachschule, kaum dass die Märzsonne ein bisschen stärker wird, sitzen am offenen Fenster, spielen Gitarre. Sie haben bei Bauernfamilien ein Zimmer genommen, sind als Gäste im Dorf willkommen, sind der Schwarm aller Mädchen. Jetzt ist Krieg. Da stehen sie sich, ein paar Meter durch Eiswälle gedeckt, gegenüber. Wenn der Wind dreht, versteht man jedes Gespräch. In die Stille hinein, vom italienischen Graben her, ein Ruf:

Ist ein Looser da entn?
Joo, doo sain Loosr.
Dann grüßt mir die Gartner-Regina.

Grenzgänge: Hauptmann Steiner lässt sich von einem Schweizer Soldaten rasieren.

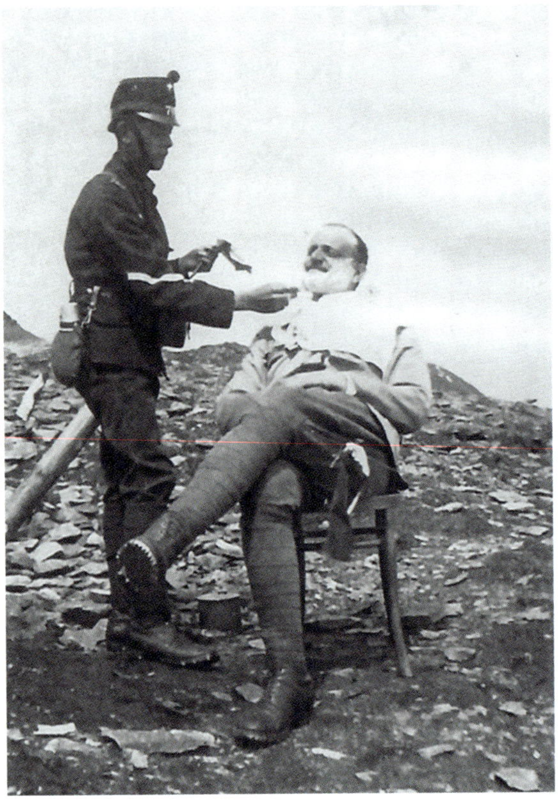

Da sprang es ihn an, wahrscheinlich wieder an, *was tun wir da in die Löcher, wir verwetterten und verwilderten Zöch* und müssen uns sogar schon miteinander auf die Pritsche legen, um uns aufzuwärmen, hier in dieser gottverlassenen Eiswüste, wo das Thermometer minus 40 zeigt und mehr zeigen würde, wenn es weiter nach unten anzeigen könnte, aber das kann es nicht, es geht nur bis 40, ist auch schon viel zu viel. Zu viel für die Zehen im schlechten Schuhwerk, Überschuhe bekommen nur die Offiziere und wir die Frostbeulen, *drfreart sain mr olli,* zuviel Kälte für die Hände in den katzenfellgefütterten Fäustlingen; wenn es warm wird, jucken die Beulen fürchterlich, tote Haut und schwarzes Fleisch schaben sie dann ab mit dem Bajonett, genauso die Läuse, und nach einer halben Stunde sind sie wieder da.

Minus 40 waren zu viel für jenen armen Tschechen, der, auf Wache stehend, bei der Ablöse am Morgen von seinem Kameraden erfroren angetroffen wird. Er wird in die Baracke getragen, *sie haben ihn getragen wie einen Prügel,* pflegte er zu erzählen, *und wie sie ihn auf den Boden niedergetan haben, hat er „gehildert" wie ein Brock Holz.* Sie machen seine Brust frei, reiben sie ab mit Schnee, Lebenszeichen gibt er keines, aber wissen kann man nie und sie nehmen den Erfrorenen zwischen sich auf die Pritsche. Um vier Uhr bekommt er ein bisschen Kaffee, er zappelt also noch, und um acht steht er auf, schüttelt sich und marschiert zum Ofen: *Děkuji dankescheen.*

Aber er, der Laaser, weiß sich zu trösten in Gedanken: Man kann bei den Schweizern einen Tee trinken und eine Zigarre rauchen *(Tiroler Siach, mågsch a Zigaar?).* Seine Pfeifengeschäfte mit dem Bild des deutschen und österreichischen Monarchen mit den Schweizern auf der Dreisprachenspitze gehen nicht schlecht, überhaupt, seit der alte Franz Joseph eingerückt ist zur Großen Armee – so hatte er es irgendwo einmal gehört – ist die Nachfrage gestiegen; ein Häuflein Schwyzer Fränkli hat er seiner Mutter in Verwahrung

gegeben, damit wird man nach dem Krieg schon etwas anfangen können, gleich, wie der Krieg ausgehen wird. Und manchmal sieht er sich daheim am Küchenfenster sitzen und hinunterschauen in den mauerumfriedeten Hof, den das Mädchen überquert, wenn es *Fockn* und Hennen füttern muss.

Ein Foto zeigt ihn neun Jahre später mit seiner Braut Jula, dem Mädchen aus der Nachbarschaft; die Musikanten bereiten ihm vor seinem Haus auf der Straße einen „Zaun", sie haben sich als Standschützen verkleidet und mit *Selchlatten* bewaffnet, die sie wie Gewehre geschultert tragen.

Hygiene

Zwar empfahl das Landesverteidigungskommando im Merkblatt für den Gebirgskrieg eindringlich *Körper und Bekleidung reinlich halten!* und *Ungezieferspuren sofort melden!* Aber es war schier unmöglich, die Kleidung sauber zu halten, wenn man untertags darin arbeitete, darin Wache hielt und nachts darin schlief. Man schlief nebeneinander, Halberfrorene wurden auch schon mal auf dem Strohlager in die Mitte genommen und aufgetaut: Katzenwäsche mit Schneeharsch. Am Morgen blieb wenig Möglichkeit für eine Säuberung bei hart gefrorenem Schnee. Mangelnde Körperhygiene wurde zu einem Problem. Die engen Körperkontakte waren ein ideales Vermehrungsfeld für Ungeziefer, insbesondere für Läuse. Angeblich sollten Farnkräuter Ungeziefer abhalten, man stopfte sie manchmal unter die Holzwolle des Lagers, genutzt hat es nichts. Es kam vor, dass im Sommer die Soldaten ihre verlauste Kleidung hinunter in den Wald trugen und sie in einem Ameisenhaufen vergruben. Diese „Entlausungsmethode" soll gewisse Erfolge gezeitigt haben. Die Läuseplage war schon im ersten Kriegsjahr in Galizien sehr stark aufgetreten. Aus den Erfahrungen wurde die Entlausung generalstabsmäßig durchgezogen:

Im Entlausungsbad von Agums (oben).
Offiziere in Freikörperkultur. Faserlos war gefragt bei den Offizieren (unten).

Entkleidung, Ganzkörperenthaarung, Mannschaftsduschen, bei starkem Befall Verwendung von Petroleum, Entseuchung der Kleidung mit heißem Wasserdampf oder Waschen mit toxischer Kresolseife. Im „Lempruchdörfl" Agums gab es sogar ein „Freibad". In dessen Genuss kamen vor allem Soldaten und auch Standschützen, bevor sie ihren Urlaub antreten durften. Das Barackenlager Zufàll im hintersten Martelltal besaß eine kleine Entlausungsstation mit einem gemauerten Bad. Während nun die Männer in der warmen Kresolbrühe saßen, wuschen Frauen mit Formalin Unterkleidung und Uniform und hängten alles zum Trocknen auf. Es kam vor, dass die *Mannder* auf Zufàll in die unter Umständen noch halbnasse, nach ätzendem Formalin stinkende Kleidung steigen mussten. Dann kamen die armen Kerle mit tränenden Augen, hustend, voller Rotz und gereizten Schleimhäuten wieder oben an der Frontstellung an. Johann Pinggera aus Prad erinnerte sich, wie die Kerle, die von den Eislöchern herunterkamen, aussahen:

Alle, wenn sie vom Berg herunterkamen, sind voller Läuse gewesen. Die Mannder sind zuerst in die Lausanstalt gekommen. (...) Ausgeschaut haben sie oft wild im Gesicht, verwittert und verwettert, halb gerupft, halb rasiert.

Ein Wort zu den Latrinen. Die Abtritte waren rudimentär, oft kaum mehr als ein „Donnerbalken" über einer Eisspalte. Ungesichert und äußerst rutschig. Und so kam es, dass ein Standschütze auf dem Cevedale auf dem vereisten Sitzbalken ausrutschte und in die unappetitliche Tiefe fiel. Entschlossen ließ sich Simon Platzer aus Morter in die Tiefe abseilen und befreite seinen Kameraden aus dessen misslicher Lage. Für seine beherzte Tat wurde er mit der kleinen silbernen Tapferkeitsmedaille ausgezeichnet.

Nachtrag: Die Entlausungsstation auf Zufàll, euphemistisch „Badehüttl" getauft, aber unter „Lausoleum" bekannt, war zur Ruine verkommen und wurde

Neu errichtetes Badehüttl „Lausoleum" auf Zufàll in Martell

2020–2022 nach alten Fotografien von der Gemeinde Martell wiedererrichtet. Sie beherbergt eine kleine, aber prägnante Ausstellung zur Entlausung und zur Front im Eis, welche die schweren Lebensbedingungen der Soldaten in den Vordergrund stellt.

FRAUEN

Für die Frauen in Tirol war der Krieg eine männerlose Zeit, in der sie „ihren Mann stehen mussten". Es kam vor, und es gibt Bilder davon, dass sie sich selbst vor den Pflug stellten, weil Pferde eingezogen worden waren. Die Arbeitsvorgänge auf dem Hof und den Feldern mussten sie großteils erst lernen, hatten sie zuvor, um nur ein Beispiel zu nennen, wohl kaum einmal einen Pflug geführt. Im kargen, wasserarmen Vinschgau war die Belastung noch größer als anderswo, weil das Bewässern der Felder dazukam mit Wasserfolgen, die teilweise auch in der Nacht anfielen. Die Ernteerträge gingen zurück, während der Zwang zu den Abgaben stieg. Es kam vor, dass der Dorfgendarm sogar die Korngarben auf dem Acker zählte. Manchmal bekamen die Bauersfrauen einen russischen Kriegsgefangenen zugeteilt. Groß war die Verzweiflung, wenn die Nachricht vom Tod des Mannes eintraf. Der „Tiroler Volksbote" schreibt am 4. September 1918:

> Burgeis, Vinschgau, 1. September (Erhängt) hat sich gestern die Bauersfrau Witwe Theresa Eller, Mutter von drei Kindern, wovon das älteste 11 Jahre alt ist. Laut Zeugnis von Regimentsarzt Dr. Peßl (...) möchte sie die Tat in geistiger Verwirrung ausgeführt haben, denn ihr Ehegatte starb als Standschütze an einem Unfall im Felde.

Die gemeinsame Arbeit schaffte aber auch Nähe. Die „Meraner Presse" schreibt am 25. Februar 1916:

> An den Pranger (...) Maria G., (...) zuständig nach Göflan, wurde wegen geschlechtlichen Verkehrs mit Kriegsgefangenen mit 100 Kronen bestraft.

Ebenso regte sich die Presse auf, wenn einem arbeitenden Russen, weil anderes nicht mehr da war, Kleidungsstücke aus der lokalen Tracht, eine Joppe, ein Hut, eine Hose gegeben wurde, weil seine Uniform in Fetzen am Leibe hing. Es dürfe nicht sein, dass Kleider der stolzen Tirolertracht an den Feind abgegeben werden. In einigen wenigen Fällen kam es vor, dass ein russischer Kriegsgefangener an die Stelle des gefallenen Ehemanns trat und die Witwe heiratete. Einige der Nachkommen leben unter uns.

Im Waschhaus des Barackenlagers auf Zufàll im hintersten Martell waren Frauen beschäftigt. Sie kamen aus dem Tal und für sie ergab sich die Möglichkeit eines kleinen Verdienstes: Für das Waschen der Wäsche mussten die Offiziere zahlen, während es für die Truppe unentgeltlich war. Bezeichnenderweise finden sich in Aufzeichnungen und Erzählungen einfacher Soldaten keine Hinweise auf einen regulären Waschdienst. Eine Frau war Köchin auf Zufàll und ihr Name ist überliefert: Es ist Veronika Eberhöfer, die „Rochl-Vrouna". Sie gehörte mit drei Wäscherinnen zu den einzigen Frauen in der rauen Männerwelt des Basislagers. Nicht leicht vorstellbar, wie die junge Frau sich dort behaupten musste. An jenem 3. November 1918, als der Waffenstillstand für die Italiener noch nicht galt, wurde sie beim Abstieg von Zufàll durch einen Durchschuss am Oberarm verwundet. Offensichtlich wurde die Wunde wenig fachgerecht behandelt, denn sie litt ein Leben lang an der Verwundung. *Tuot ollm nou weah*, soll sie öfters gesagt haben, *aber sie hat nie gejammert*, erzählte ihre Tochter. Ihren Beruf als Köchin führte sie weiter, als sie nach Außerfern auswanderte.

Von der üblich angewandten Bestrafung des „Anbindens" von Soldaten wegen eines Vergehens wussten die Frauen im Hinterland lange nichts. Das Opfer wurde mit auf dem Rücken verschränkten Armen an einer Stange aufgezogen, bis es den Boden nur noch mit den Zehenspitzen berührte. Als aber ein in Prad bei der Bevölkerung recht beliebter Soldat an der Stange „aufgezogen" wurde, *da sind unsere Weiber rebellisch geworden!*, erinnerte sich Josef Pinggera, Jahrgang 1901, *sie sind hinaus zum Kommando: Den nehmt's aber sofort herunter!* Denn, so Pinggera weiter, *die Frauen haben sich gesagt, mit unseren Männern machen sie das Gleiche!* Ihr Protest hatte Erfolg.

Dann gab es aufdringliche Offiziere, die *hinter jedem Kittel her waren*. Der „kleine Artillerieleutnant Nack" (Zitat Dyhrenfurth), dessen Tagebuch kürzlich aufgetaucht ist, war so einer. Da finden sich immer wieder Frauengeschichten und amouröse Episoden, in denen er zielstrebig zur Sache ging. Unter anderem berichtet er recht detailverliebt von amourösen

Unternehmungen in Außersulden. Es ist anzunehmen, dass in der Offiziersmesse in Sulden junge Serviermädchen angestellt waren, die sicherlich auch bedrängt wurden. O-Ton Leutnant Nack:

> Dann ging ich also hinunter und plauschte mit Liesl, griff ihr auch einmal auf die Fummel [...] und filzte auch an ihren Dutteln herum.

Selbst Generalmajor Moritz Erwin Freiherr von Lempruch (1871–1946), Oberkommandant der Ortlerfront, dem ansonsten eine untadelige Lebensführung bescheinigt wurde, hatte mit Ottilie Zoderer vom Patzleidhof, seiner 26 Jahre jüngeren Haushälterin, ein Verhältnis, aus dem 1917 das Kind Karl-Heinrich hervorging. Es wurde von Ottilies Familie am Hof aufgezogen. Lempruch hat sich, das sei zu seiner Entlastung gesagt, später, obwohl verheiratet, um seinen Sohn gekümmert. Nach Jahren nahm er sogar Ottilie bei sich auf und brachte sie im Gartenhäuschen seines Anwesens unter.

MENSCHLICH IM UNMENSCHLICHEN

Das Ortlermassiv war die höchste Front des Ersten Weltkrieges. Es war ein Krieg, der hineingetragen worden war aus weit entfernten Regionen und Hauptstädten. Hineingetragen in eine Region, wo die Menschen voneinander wussten und wo sie sich teilweise persönlich kannten. Dies trifft vor allem auf

Die Protagonisten des legendären Treffens der Bergführer Pinggera und Tuana. Das Bild ist eine Montage.

Separatfrieden am Kleinen Eiskögele

die Bergführer hüben und drüben des Stilfser Joches zu. Natürlich wurde geschossen, musste geschossen werden. Auf beiden Seiten gab es die Schneidigen, die Offiziere vor allem, es gab die lauernden Scharfschützen, der sadistische Schweinehund lag auf beiden Fronten im Hinterhalt, es gab Angriffe und Überfälle. Aber wenn es sich irgendwie einrichten ließ, war man nicht allzu übereifrig im Kriegsführen. *Austriaci, attenti al cambio!*, riefen die Italiener zu den Österreichern herüber, wenn bei ihnen ein Offizierswechsel anstand. So paradox es klingen mag, die Soldaten auf beiden Seiten fürchteten oft mehr die eigenen Offiziere als den Feind. Das Motiv vom Schweigen der Waffen zu Weihnachten ist fast schon ein Gemeinplatz: *Austriaci, non sparate, la notte è santa!* Man tauschte österreichischen Tabak gegen italienisches Weißbrot. Am Kleinen Eiskögele bestand einen Monat lang sogar ein Separatfrieden. Den Tirolisch-Österreichern war im Sommer das Eis in den „Sand"-Säcken dahingeschmolzen. Also fragten sie beim „Nachbarn" an, ob sie die bei ihnen auf der aperen Südseite auffüllen dürften. *Ma sì*: Die Alpini halfen sogar mit. Am Ende verewigte man sich auf einem gemeinsamen Gruppenfoto. Der kleine Waffenstillstand hielt einen ganzen Sommer lang. Wäre er aufgeflogen, wären die Soldaten auf beiden Seiten vor das Kriegsgericht gestellt und möglicherweise erschossen worden. Legendär ist die Geschichte der beiden Bergführer Tuana und Pinggera. Pinggera hatte Tuana auf einem Patrouillengang überrascht und Tuana hatte ein Fässchen Wein versprechen müssen. Das Treffen war beobachtet worden und Tuana wurde nach dem Krieg von einem Landsmann angezeigt. Als die beiden Bergführer 1921 beim Prozess in Florenz aussagten, dass es sich um Wein und nicht um Kriegsgeheimnisse gehandelt habe, *lachte der Saal, dass die Wände wackelten.* So erzählte es Tuanas Tochter 1993 noch in Bormio, selber herzlich lachend.

DAS ENDE

Im Spätsommer 1917 läuten die Kapuziner in Mals die Hungerglocke: kein Körnchen Mehl, keine Schnitte Brot, kein einziger Strunk Kobis ist mehr da. 1918 fehlt es an allem und jedem.

Minderwertige Ersatzstoffe aus Brennnesselfasern halten nicht lange, die Soldaten müssen teilweise bei eisigen Temperaturen in Lumpen gehen. Da es an Unterwäsche fehlt, tragen viele die juckenden Nesselstoffe direkt auf der Haut, die am ganzen Körper Ekzeme hervorrufen. Die Schuhe fallen auseinander, schlimme Erfrierungen sind die Folge. Desertionen in die Schweiz nehmen zu. Als Verpflegung gibt es nur noch dünnen schwarzen Kaffee, ein Stücklein Polenta, eine kleine Fleischkonserve für zwei Mann. Dazu kommt im Oktober 1918 eine bösartige Grippe. Die Telefonverbindungen werden von der italienischen Artillerie systematisch zerschossen. Brieftauben werden als Ersatz eingesetzt. Ab dem 1. November jagt eine Depesche die andere, Befehle des Oberkommandos widersprechen sich.

Befehl N. 1 (1. November): Die Brigade soll die Stellung unbedingt halten, um den Durchzug von etwa 250.000 Mann aus dem Trentino durch den Vinschgau zu gewährleisten. Befehl N. 2 (2. November): Befehl N. 1 außer Kraft gesetzt. Befehl N. 3 (3. November), fünf Uhr morgens: Waffenstillstand, Parlamentäre zur detaillierten Klärung der Bedingungen zum Feind entsenden.

Das italienische Artilleriefeuer gewinnt an Heftigkeit. Von den Stellungen der Gletschergipfel aus beobachten die Soldaten vormittags am 3. November eine lange Kolonne ungewöhnlich schnell fahrender Autos Richtung Reschen: Das Kommando und der Stab machen sich aus dem Staub.

Generalmajor von Lempruch erhält den Befehl, die Stellungen ausnahmslos ohne Widerstand gegen den Feind zu räumen. Der entsandte Parlamentär Hauptmann Guido Thour erfährt von den Italienern, dass sie von einem Waffenstillstand nichts wissen, und versucht, bis in die Nachmittagsstunden Zeit zu gewinnen. Die Verhandlungen dauern bis 16 Uhr. Ab fünf Uhr Nachmittag prasselt schweres italienisches Artilleriefeuer auf die inzwischen verlassenen österreichischen Stellungen; selbst die Ortler- und die Königspitzenbesatzung hatte inzwischen den Abstieg geschafft. Die Offiziere lösten die Truppen nicht auf, nicht wenige hatten, späteren Erzählungen zufolge, Angst vor „offenen Rechnungen". Einige Soldaten waren auf der Dreisprachenspitze über den Grenzdraht in die Schweiz geflüchtet und sahen in der Dämmerung eines leichten Schneetreibens aus drei Meter Entfernung im Schutze der Neutralität der *gloriosa offensiva* (General Diaz) im Lempruchlager zu. In Spondinig werden die Magazine geplündert und Vieh wird weggetrieben. Im Getränkelager geht es drunter und drüber, wie Fritz Florineth berichtet:

Alles hat gesoffen, ein paar haben geplärrt vor lauter Rausch, daneben sind Truppen vorbeimarschiert. Das ist der Zusammenbruch gewesen.

Am darauffolgenden Sonntag stimmt Pfarrer Malpaga in Laas nach der Messe das *Kaiserlied* an. Zum letzten Mal das „Gott erhalte". Da war davon nichts mehr zum Erhalten.

Verhärmte Gesichter. Leutnant Haller: „Anstehen um Lebensmittel."

EPILOG

Es muss eine gespenstische Szene gewesen sein. Es ist Mittag am 3. November 1918 auf dem Ortler, dem höchsten Berg der Monarchie, die es bald nicht mehr geben wird. Ein paar Männer in verschlissenen Uniformen nehmen mit klammen Fingern die Fahne des Kaiserreiches mit den Wappen der Kronländer ab. Schweigen auf den wettergegerbten Gesichtern, Trotz, Zorn und Trauer. Sturmwind fährt in den Fahnenstoff, die Kronländer bauschen sich im Wind. Die Männer wissen es: Der Krieg ist verloren, das Reich wird zerfallen. Keine Zeit mehr für Sentimentalitäten. Den hastigen Abstieg begleitet das Grollen der italienischen Kanonen. Unten im Tal halten Offiziere die Fahne. Ein Messer bahnt sich in den Stoff, schneidet ein Kronland nach dem anderen als letztes Andenken heraus. Kronland um Kronland wandert in kälteklamme Hände. Leutnant Franz Haller blickt auf seines: das Wappen von Siebenbürgen. Es wird ihn ein Leben lang begleiten.

Letztes Flackern der „Welt von Gestern"

Freitag, 1. November. Zwischen der Front am Ortler und der Stadt Meran liegen Welten. Aber oben wie unten haben sich große Risse in einer bis vor Kurzem für unerschütterlich geglaubten Welt aufgetan. Der Krieg ist verloren, aber man klammert sich an das Wort „Waffenstillstand". Oben an der Front melden sich Ungarn bei Leutnant Haller und erklären, dass sie jetzt nach Hause fahren würden. Was will er tun? Er kann keine zwei Dutzend Soldaten erschießen. Er lässt sie ziehen. Tschechen haben sich bereits davongemacht. Die Tiroler und deutschsprachigen Österreicher bleiben. In den Hotels um den Habsburgerplatz (heute Mazziniplatz) in Meran trifft man Vorbereitungen, um die Stäbe, die aus dem Süden kommen werden, aufzunehmen. Tags darauf, 2. November, werden am Militärfriedhof Soldaten beigesetzt, die alle an Tuberkulose oder Grippe gestorben sind. Nachmittags treffen luxuriöse Maschinen auf dem Habsburgerplatz ein. Ihnen entsteigen Erzherzog Peter Ferdinand, seines Zeichens Kommandant der 10. Armee mit Stab und Entourage. Süffisant vermerkt A. Elmenreich:

Seine Hoheit hat die Zelte in Malè abgebrochen und fühlt sich sicherer im Hotel Kaiserhof.

„Seine Hoheit" wird darauf die Fahrt über den Reschen nach Innsbruck antreten – und die Wagenkolonne wird von den Stellungen der Ortlerfront rätselratend oder mit dunklen Ahnungen beobachtet werden. In Meran rasen immer mehr schwere Autos mit Offizieren über den Rennweg durch das Vinschger Tor, kroatische, tschechische und ungarische Soldaten sammeln sich beim Etappenkommando und gehen zum Bahnhof ab. Sich selbst überlassene russische Kriegsgefangene streifen unbehelligt durch die Stadt. An den Schaltern der Bankinstitute und Sparkassen herrscht Gedränge. Viel Geld wird abgehoben. Das Versorgungsamt der Stadt teilt mit, dass gegen Vorzeigen der Lebensmittelkarte täglich Rübenkraut ausgegeben wird. In der Nacht zum 3. November singen und grölen Tschechoslowaken und Ungarn in den Straßen.

Wirre Tage: Soldaten auf dem Rückzug in Meran

PROLOG IM HIMMEL

Brodelndes Nebelmeer lag über der Alpenwelt.

Nur die Gipfel der Bernina und einiger ferner Berge in der Schweiz und in den Tauern ragten wie Inseln aus der grauen Brandung. Ein dichter Wolkenschleier überzog den weiten Himmelskreis. So breitete sich nur Ernst und farblose Düsterkeit um uns.

Ganz allein stieg ich aus unserer Stellung, tief im Gletscher verborgen, zum Ortlergipfel auf und ließ mich am schmalen Gipfelgrat nieder. Es war schauerlich grossartig und das Innerste aufwühlend, daß die Nerven bebten:

Der grauenhafte Donner der 1o. Isonzoschlacht rollte ohne Unterlass über die Erde.

Dem Himmel nahe, der Erde entrückt in faustischer Einsamkeit und von urweltlicher Größe umgeben, fühlte ich demütig die eigene Kleinheit und Ohnmacht.

Ich fühlte in mir die kommende Tragödie unseres Reiches und sah vor mir nur fahle Dämmerung und Nebelschwaden.

Das Wolkenmeer hob sich, die grauen Massen wogten immer näher und plötzlich umflossen sie auch mich und den Gipfel. Und kein Lichtstrahl leitete in eine hellere Zukunft.

Innerlich und äusserlich fröstelnd stieg ich ab.

Ein unvergessliches, erschütterndes Erlebnis, dessen Ungeheuerlichkeit immer wieder vor mein geistiges Auge tritt.

3. November, Sonntag. Weil die Italiener schnell vorrücken, breitet sich zwischen der Rückhut und den Marschkolonnen der 10. Armee Panik aus. Ungeordnet fluten Soldaten und Fahrzeuge von der Mendel nach Meran. Der Gemeinderat Merans beschließt, für die Verpflegung der durchziehenden Soldaten 40.000 Laib Brot backen zu lassen und in gleicher Menge Kaffee, Tee und Suppen bereitzustellen. Lebensmittelmagazine sollen streng bewacht werden: bleibt ein frommer Wunsch. Ebenso der, sich nicht zur Wehr zu setzen, wenn irgendwo etwas gestohlen wird. Tatsächlich aber schießen Bauern auf Soldaten, die sich Kartoffel, Äpfel, Trauben oder Kastanien aneignen. Der Nationalrat der Stadt sieht sich als Teil des Tiroler Nationalrats und würde bei der Besetzung die entsprechenden Vollmachten erhalten. Verbliebene Offiziere und Militärbehörden sollten ihre Geschäfte weiterführen, alle nicht deutschsprachigen Offiziere sollen abreisen (sic!).

Vormittag in den Ortler-Stellungen. Verwundert beobachten die Soldaten der Ortler-Stellungen auf der Malser Haide den Durchzug „schneller" Autokolonnen. Um 11.30 Uhr präsentieren sich am Stilfser Joch vor den italienischen Linien die österreichischen Parlamentäre. Die Verhandlungen ziehen sich bis 16 Uhr hin. In den frühen Nachmittagsstunden geht am Kommando der Ortlerfront der Befehl ein, alle Stellungen aufzugeben, keinen Schuss mehr abzugeben und außer Lebensmitteln alles zurückzulassen. Gleichzeitig verstärkt die italienische Artillerie das Feuer. Es gelingt dem Kommando, alle Stellungen bis in den späten Nachmittag hinein zu benachrichtigen. Dunkelheit ist hereingebrochen, es hatte Neuschnee gegeben und Nebel versperrte die Sicht. Was muss das für ein Abstieg von den Hohen Stellungen in der Abenddunkelheit gewesen sein. Heraus aus den engen, verrauchten Baracken, vorbei an mühsam errichteten, vorgeschobenen Feldwachen, Baracken, Seilbahnstützen, Kanonenkavernen, durch Eisstollen, im Kopf die Endlosschleife der nutzlosen Arbeiten, der Entbehrungen, die Stunden der Feldwache im Schneesturm, das Heulen der Stürme, die gewaltigen Sommergewitter, Hagel, Schnee und Blitzschlag, alle Wetter an einem Tag, die Kälte, die Kälte, die Kälte, die Uniformen in Fetzen, das Beißen der Läuse unter den Gamaschen, die in Lederflecken auseinanderfallenden Schuhe, Schritt für Schritt abwärtsstolpernd, die Beine des Vordermanns starr im Blick, im Magen nicht mehr als der halbe Inhalt einer halb gefrorenen Fleischkonserve, wenn überhaupt. Zorn und Wut auf die Schlamperei der Oberen. Und paradoxerweise auch Erleichterung: Endlich das Ende, hat eh alles viel zu lang gedauert.

Um 17 Uhr rücken die ersten italienischen Truppen vor, erreichen den verlassenen Monte Scorluzzo, staunen über die ausgedehnten Verteidigungsanlagen. Um halb zwei Uhr nachts erreichen sie das Stilfser Joch. Zum allerletzten Mal (in der Geschichte) werden österreichisch-ungarische Geschütze abgefeuert, dann flüchtet die Bedienungsmannschaft die paar Schritte auf Schweizer Boden. Ein paar Schüsse fallen, es gibt noch ein paar Verletzte und einen österreichischen Toten. Um halb vier steigen die Alpini vom Joch ab. Es ist der 4. November. In einigen Häusern in Trafoi und Gomagoi brennt Licht, aus anderen hängen weiße Tücher. Einige Alpini treten in eine beleuchtete Stube, sprechen die Bewohner an, man versteht sich nicht, sie entfernen sich grußlos. In Trafoi finden die Alpini ein Depot von Bergschuhen, viele nehmen sich ein Paar mit, sehr begehrt sind die Schuhe bei ihnen. Irgendwann auf der Straße ein großer Auflauf. Eine Menge italienischer Kriegsgefangener schleppt einen enormen Bosnier mit und fordert lauthals dessen Erschießung, da er sie sehr scharf bewacht habe. Die Italiener nehmen den Bosniaken einfach mit. In Prad werden sie gegen Mittag vom Bürgermeister mit einer Abordnung erwartet. Es ist anzunehmen, dass man sich verständigen konnte, Prad hatte mit

Mit Sack und Pack auf dem Rückzug. Auf der (Noch-)Habsburgerstraße vor dem Kurhaus.

Bormio gute Beziehungen. Kurz vor zwei Uhr nachmittags erreichen die italienischen Soldaten die Bahnstation Spondinig und erst jetzt erfahren sie offiziell vom Waffenstillstand. Angeblich. Die Männer sind vollkommen erschöpft, sie waren 20 Stunden auf dem Marsch, die jungen Jahrgänge können kaum mehr die Waffen tragen. Der Zug nach Meran wird gestoppt. Die Begegnung der Offiziere beider Heere ist korrekt, man tauscht Höflichkeiten und Zigaretten. In der Nähe von Lichtenberg beschießen Salzburger Standschützen die Alpini und halten sich den Weg nach Mals frei: der letzte Schusswechsel des Ortlerkrieges.

Der 4. November ist ein schwarzer Tag für Meran. Für die Honoratioren und die Geistlichkeit beginnt er, als für sie die „Welt von Gestern" (Stefan Zweig) noch ein Heute war. Wie jedes Jahr findet in der Pfarrkirche zu Ehren des Kaisers ein Gottesdienst statt. In den Chorbänken sitzen Priester, Ordensbrüder und Militärgeistliche. Wo das Militär stand, stehen jetzt lediglich ein Herr in Uniform und zwei in Zivil gegenüber Funktionären in Schwarz. Am Ende stimmen alle, begleitet vom Orchester, die Nationalhymne an. Straßen und Motorenlärm von draußen legt sich drüber.

Die Welt ist aus den Fugen. Die Züge aus dem Süden werden von Bozen nach Meran umgeleitet,

Die neuen Herren sind da. Meran wurde vom Stilfser Joch her besetzt.

der Vinschgau ist zu, und die vielen Lastwagen versuchen den Rückzug durch das Passeiertal. Die Straßen sind verstopft, die Soldaten leeren ihr Gepäck, um leichter voranzukommen, ein Ochse wird auf offener Straße geschlachtet und gebraten, in das babylonische Stimmengewirr und die Kakofonie flutet wellenartig das ausgelassene Singen der Tschechen und Ungarn. Derweil werden von den Meranern die Magazine geplündert. Zuerst trifft es gegen acht Uhr die Bekleidungsmagazine. Auf das Gerücht, das Militär würde Bekleidung verteilen, sah man laut dem „Burggräfler Anzeiger":

... sofort Frauen, Kinder, Ordensangehörige und Kaufleute Richtung Bahnhof laufen, wo die Magazine waren.

Derselbe weiß auch, dass aus dem Schuhlager bei Plankenstein Hoteliers 4000 Paar Schuhe verschwinden lassen. Letztlich werden alle Magazine geleert, schlussendlich stellen sich die Bauern von Tirol, Schenna und Hafling ein, man habe gehört, es seien verschiedene Sachen zu haben, die man nicht den „Walschen" überlassen dürfe. Die Straßen sind gefüllt von Menschen mit Säcken, Rucksäcken, Kästen, Möbeln, Schubkarren und Karren, schwitzend und glücklich im Gesicht. Besonnene Bürger, die Plünderer aufhalten wollen, werden verletzt.

Das Chaos hält an am 5. November. Schwere österreichische Fahrzeuge, Laster, sogar Mörser quälen sich durch die Lauben und die enge Passeirer Gasse. Das Passeirer Tor ist das Nadelöhr, durch das sich die schweren Maschinen stundenlang Zentimeter

Es gab einen starken Zustrom auf die Banken.

um Zentimeter durchzwängen. Einem Soldaten wird der Kopf zerquetscht. Eine große Kanone gibt auf dem Rennweg den Geist auf und wird für Tage zum Abenteuerspielplatz der Kinder. Für die schweren österreichischen Fahrzeuge ist im Passeier Endstation, eine Überquerung des Jaufens ist undenkbar. Zwei Tage später werden in St. Martin 43 Autos angezündet und in die Passer geworfen. Schweres Gerät war schon früher darin gelandet.

5. November 1981, Dienstag, Spondinig. Um 18 Uhr verlässt ein Zug den Bahnhof. An Bord ist das Kommando des Bataillons Cuneo mit Oberstleutnant Ponzi mit zwei Kompanien und einer Abteilung Sturmtruppen, ungefähr 300 Mann mit vier Maschinengewehren. Neben Oberstleutnant Ponzi sitzt ein „Zivilist", Major Radio von Radiis, der nach Prad gekommen war, um über den Rückzug österreichischer Soldaten durch den Vinschgau zu verhandeln und Hilfe für Meran zu erbitten. Der Zug fährt durch eine bizarre Szenerie: Immer wieder leuchten Feuer aus der Dunkelheit, unzählige sind es. Manchmal erkennen die Menschen im Zug auch schemenhaft Gestalten und Gesichter der biwakierenden österreichisch-ungarischen Soldaten draußen in der kalten Novembernacht. Das Zusammentreffen in Meran mit Bürgermeister Gemassmer ist vorerst eisig. Oberstleutnant Ponzi will eine schriftliche Antwort zu seinen Forderungen, der Bürgermeister verlangt eine Stunde Aufschub, um sich mit den Räten zu besprechen. Letztlich einigt man sich. Zum Schluss äußert der Bürgermeister noch eine Bitte: Man möge die Trikolore nicht auf dem Rathaus aufziehen. Dem konnte der italienische

Auf dem Rennweg. Die Straße durch den Vinschgau und der Reschenpass waren eine Zeit lang für die zurückflutenden Truppen gesperrt.

Oberstleutnant leicht entgegenkommen: Die Italiener hatten keine Trikolore dabei.

Lang ließe sich noch sprechen über Rückzug und neue Besatzung. Doch nur zwei Szenen noch.

Die eine: Ein italienischer Hauptmann soll am österreichischen Kommando die Magazine übernehmen. Dort führt man ihn in einen Salon, wo sich die österreichischen Offiziere, sehr elegant gekleidet, versammelt haben. Ein großes Bild von Kaiser Franz Joseph beherrscht die Szenerie. Die Österreicher nähern sich dem Hauptmann, bieten ihm Zigaretten an und fragen höflich nach seiner Herkunft. Der Hauptmann schämt sich angesichts der Eleganz der Offiziere wegen seiner abgewetzten Uniform, seiner verwaschenen Socken und seiner Bergschuhe.

Die andere: „Meraner Zeitung" vom 7. November 1918, Donnerstag:

Wäre nicht so ernste Kriegsschlusszeit, man würd es sich nicht nehmen lassen, das interessante nächtliche Lagerleben, wie es sich auf einzelnen der größten Plätze Merans abspielt, zu studieren, wenn neben den Lagerfeuern die wachhabenden Soldaten sich beim Kartenspiel die Zeit vertreiben und Soldaten rücksichtsvoll leise singen um allen Schlaf und trübe Gedanken zu verscheuchen.

Es geht doch, wenn man Menschen in Frieden lässt.

Gestelltes Bild mit neuen Ordnungshütern

Der Gefallenenfriedhof in Spondinig

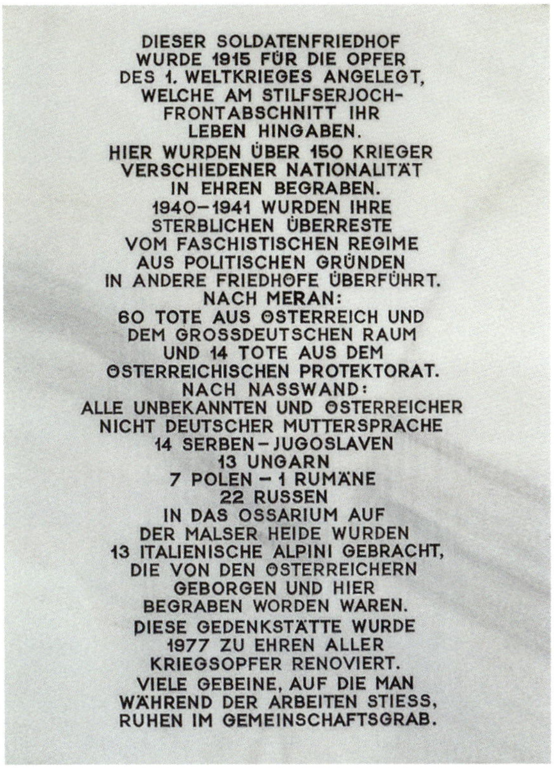

Der Friedhof bei Spondinig wurde 1915 für die Gefallenen der Ortlerfront angelegt. Hier wurden 193 Soldaten verschiedener Nationalität *in Ehren* (Zitat Inschrift Tafel) beigesetzt. Das faschistische Regime ließ 1940/41 die sterblichen Überreste aus politischen Gründen in andere Friedhöfe überführen. (Muss übrigens eine schlampige und wenig würdige Wühlarbeit gewesen sein, man fand bei der Restaurierung in den Siebzigern einen ungeordneten Haufen Knochen.) Nach Meran kamen 60 Tote aus Österreich und 14 Tote aus dem österreichischen Protektorat. Nach Nasswald bei Toblach kamen alle unbekannten und Österreicher nicht deutscher Muttersprache: 14 Serben, 13 Ungarn, sieben Polen, ein Rumäne und 22 Russen. In das Ossarium auf der Malser Haide brachte man 13 gefallene Alpini, die von den Österreichern an der Front geborgen und hier begraben worden waren. Genannt werden auch 18 Südtiroler, die in den umliegenden Friedhöfen begraben sind. Die 1976 verstreut aufgefundenen Knochen konnten nicht mehr zugeordnet werden und wurden im Grab des ehemaligen Rayonskommandanten Oberst von Abendorf beigesetzt. Inschriftentafeln von 50 Toten – darunter des Caporale der Infanterie Giovanni Rizzi und des Infanteristen Fiero Lupa aus der Val Braulio – wurden gerettet, auf Marmor übertragen und im Friedhof angeordnet. Auf den Tafeln wurden/werden Todesursache, Lebensdaten und Waffengattung angeführt. Von den 50 dokumentierten Soldaten sind 16 verunglückt, zehn durch Lawinen, einer durch Steinschlag, vier durch Blitzschlag getötet worden, und einer verunglückte bei Arbeiten. Zwei der 50 Soldaten fanden bei der Beschießung von Trafoi den Tod. Sechs fielen bei Kämpfen auf dem Stilfser Joch, drei auf der Hohen Schneid. Je ein Soldat verlor auf der Königspitze, auf der Franzenshöhe und auf dem Scorluzzo sein Leben. Drei Soldaten wurden beim Reparieren von Telefonleitungen getötet. Auf acht Tafeln liest man nur den Vermerk *verstorben*. Acht Tote waren russische Kriegsgefangene. Wobei bei den Russen zu sagen ist, dass eine beträchtliche Anzahl von ihnen vermisst ist, sie wurden Opfer von Lawinen, Stürmen und wilden Wettern, viele wurden von den Gletschern verschluckt. Die Ortlerfront war im Verhältnis aber doch ein „Vielvölkergrab". Der Spondiniger Soldatenfriedhof strahlt Ruhe und Frieden aus und hinterlässt trotzdem einen bitteren Nachgeschmack. Beim Lesen all der fremdklingenden Namen, deren Träger alle Staatsbürger des einzigen großen europäischen Vielvölkerstaates gewesen waren, wird einem der Verlust durch dessen Untergang für Europa augenfällig bewusst.

Was hätte aus den reformierten „Vereinigten Staaten von Österreich" werden können, wie viel Leid hätten sie unserem gebeutelten Kontinent in der Folge erspart?

Mit wachem Auge

Franz Haller bekam zur bestandenen Matura von seinem Onkel einen Plattenapparat der Firma Zeiss geschenkt. Er verwendete dafür Glasplatten 9 mal 12 Zentimetern. Als er an die Ortlerfront versetzt wurde, wurde sie für ihn ein stiller Begleiter des Kriegsalltags an der höchsten Front der Weltgeschichte.

Beim Betrachten der Bilder merken wir, dass hinter der Kamera ein Mensch steht, der das Unfassbare des Krieges in der Gletscherregion des Ortlermassivs festhalten will. Da ist einerseits der staunende Respekt vor der grandiosen und abweisenden Natur mit ihren **Eisfeldern und Spalten, quellenden Hängegletschern, dräuenden Wolkentürmen.** Daneben dokumentiert er besondere Ereignisse wie den **Kanonenzug mit russischen Kriegsgefangenen auf den Ortler, den Durchbruch der Kaverne unter der Ortlerspitze, das provisorische Biwak beim Aufstieg zur Besetzung der Königspitze.**

Viele dieser Bilder gehören heute zur klassischen Bilddokumentation des Gebirgskrieges im Ersten Weltkrieg.

In den kurzen Zeiten des Heimaturlaubs hält er das letzte Flackern der „Welt von Gestern" in seiner Heimatstadt Meran fest. Da sind beispielsweise die anstehenden Frauen vor der Zentralapotheke in Meran, eine Aufnahme, die unter die Haut geht und das resignierte Schweigen der „Heimatfront" dröhnend laut werden lässt. Die Bilder brauchen keinen Kommentar, sie sprechen für sich. Die Schriftstellerin Christa Wolf schrieb 1976: „Das Vergangene ist nicht tot; es ist nicht einmal vergangen. Wir trennen es von uns ab und stellen uns fremd." Angesichts der Kriegsgräuel der Gegenwart ist dem nichts hinzuzufügen.

Leutnant Haller: „Im Bärenloch."

Der Kanonenzug auf den Ortler, geleitet vom jungen Leutnant Franz Haller, ist legendär. Leutnant Haller hat nach dem Krieg einen Bericht verfasst, den er später auch auf Tonband gesprochen hat (im Besitz des Autors). Zwei zerlegte Kanonen wurden mit der Ortlerseilbahn auf die Payerhütte transportiert. Polnische Artilleristen sollten sie übernehmen und auf den Gipfel transportieren. Doch bereits kurz nach dem Start stürzten sie tief unter der Payerhütte ab. Haller ließ einen Schlitten bauen und die Route für ihn befahrbar machen. 30 Russen sollten nun die schwere Last ziehen. Als Belohnung winkte ihnen ein Fässchen Rum, das Haller in Sichtweite vorausziehen ließ. Bergführer sicherten mit Seilen und die Russen zogen willig. Steilste Stellen wurden überwunden und über Spalten waren Brücken gelegt. Nach fünf Tagen lagen die Teile der ersten Kanone am Ortlergipfel. In der Hütte feierten Russen und Standschützen gemeinsam.

Leutnant Haller: „Ortler vom Tschierfeck."

Ein Soldat mit geschultertem Gewehr bildet die Nachhut.

Wie schafften es die Russen nur mit ihren abgetragenen Galoschen diese Steilstrecke zu überwinden?

Leutnant Haller: „Rast am Tschierfeck."

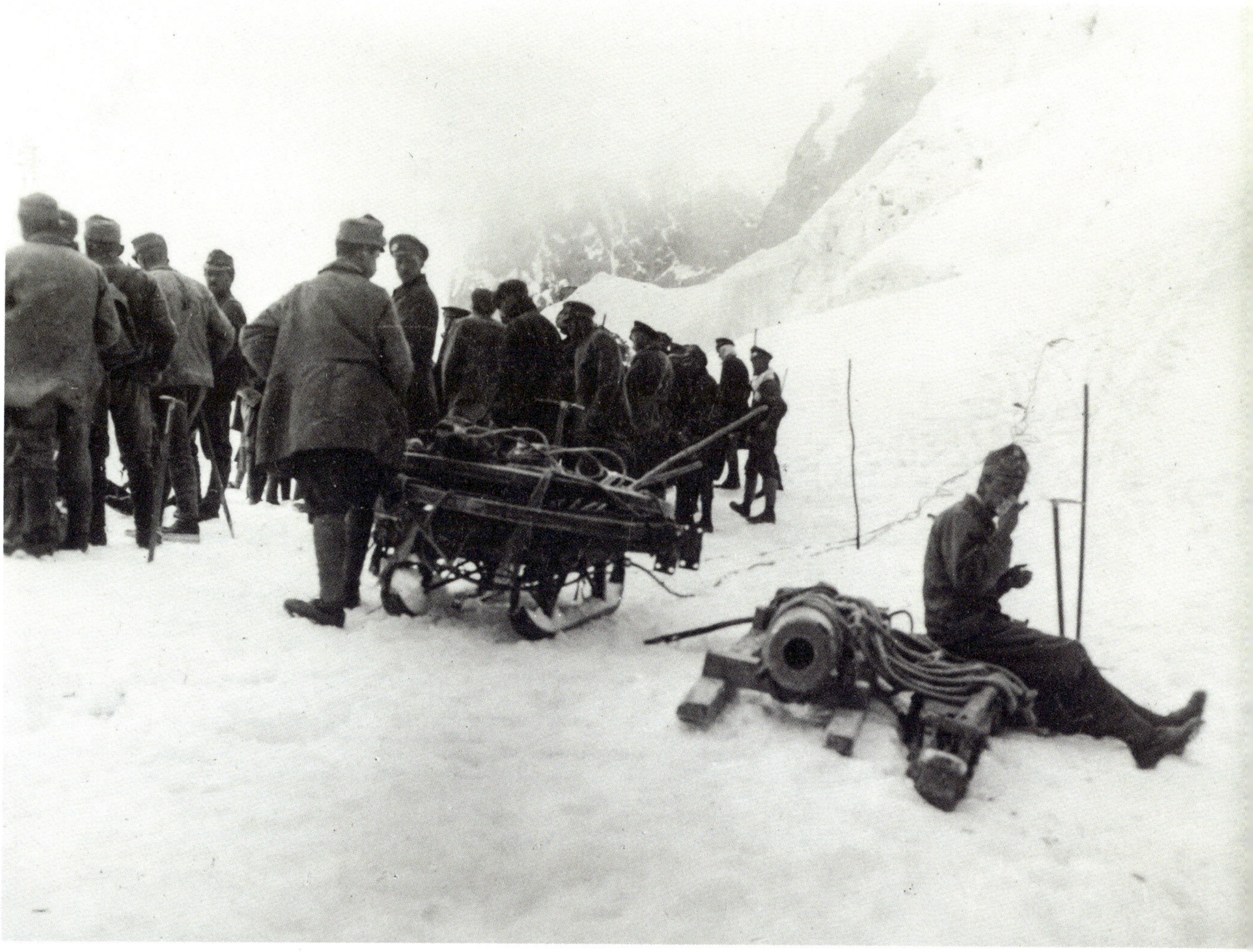

Im Bärenloch. Ein Bergführer wischt sich den Schweiß aus dem Gesicht.

Leutnant Haller kletterte wohl auf das Tschierfeck, um diese Aufnahme zu machen.

Der Schatten des Fotografen im Vordergrund.

Leutnant Haller: „Lafette oberes Plateau. Gut sichtbar die Stangen für die Stromversorgung und die Telefonverbindung zur Gipfelstellung. Alle Stellungen der Ortlerfront waren miteinander telefonisch verbunden."

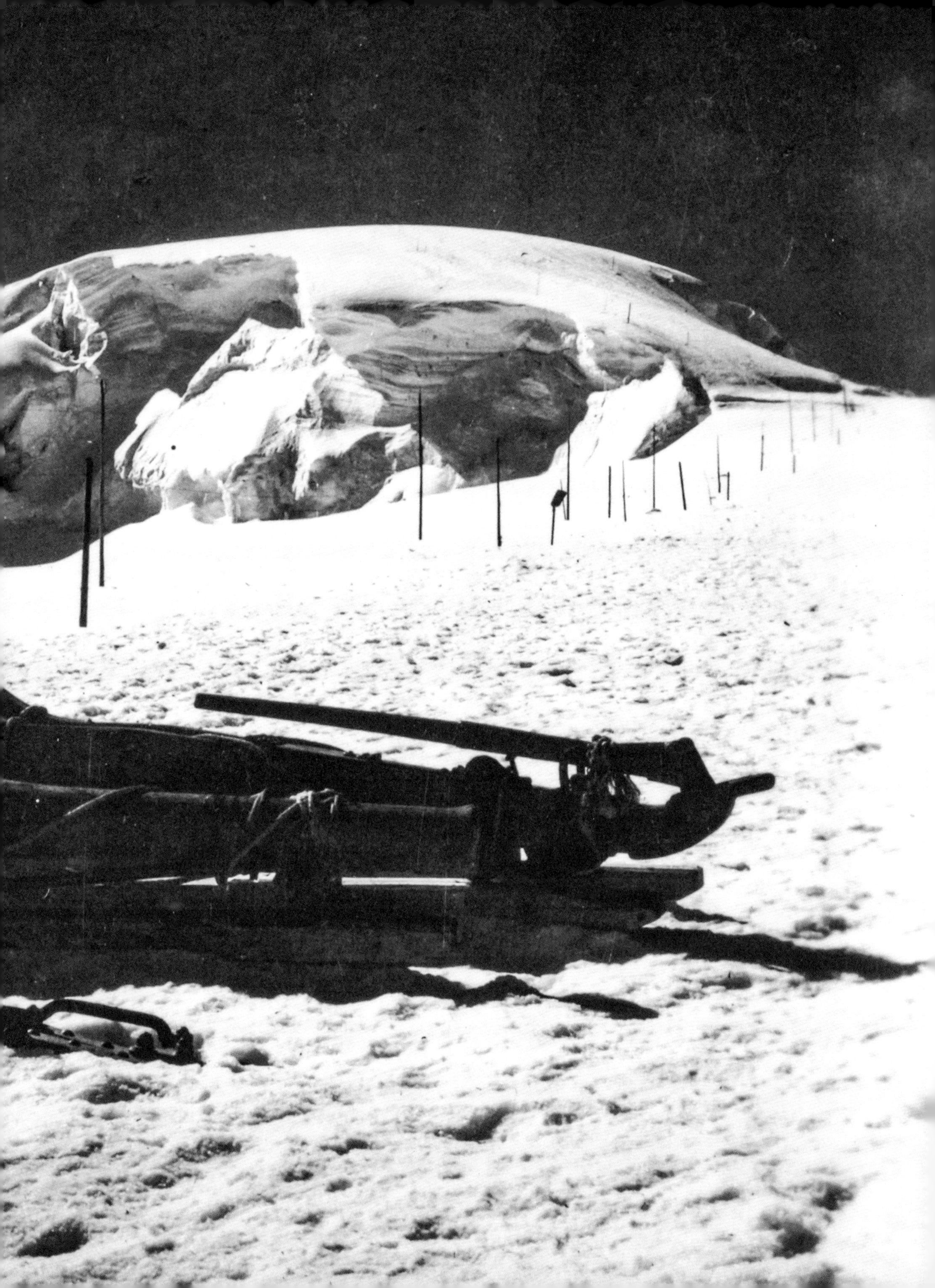

Tagebuch

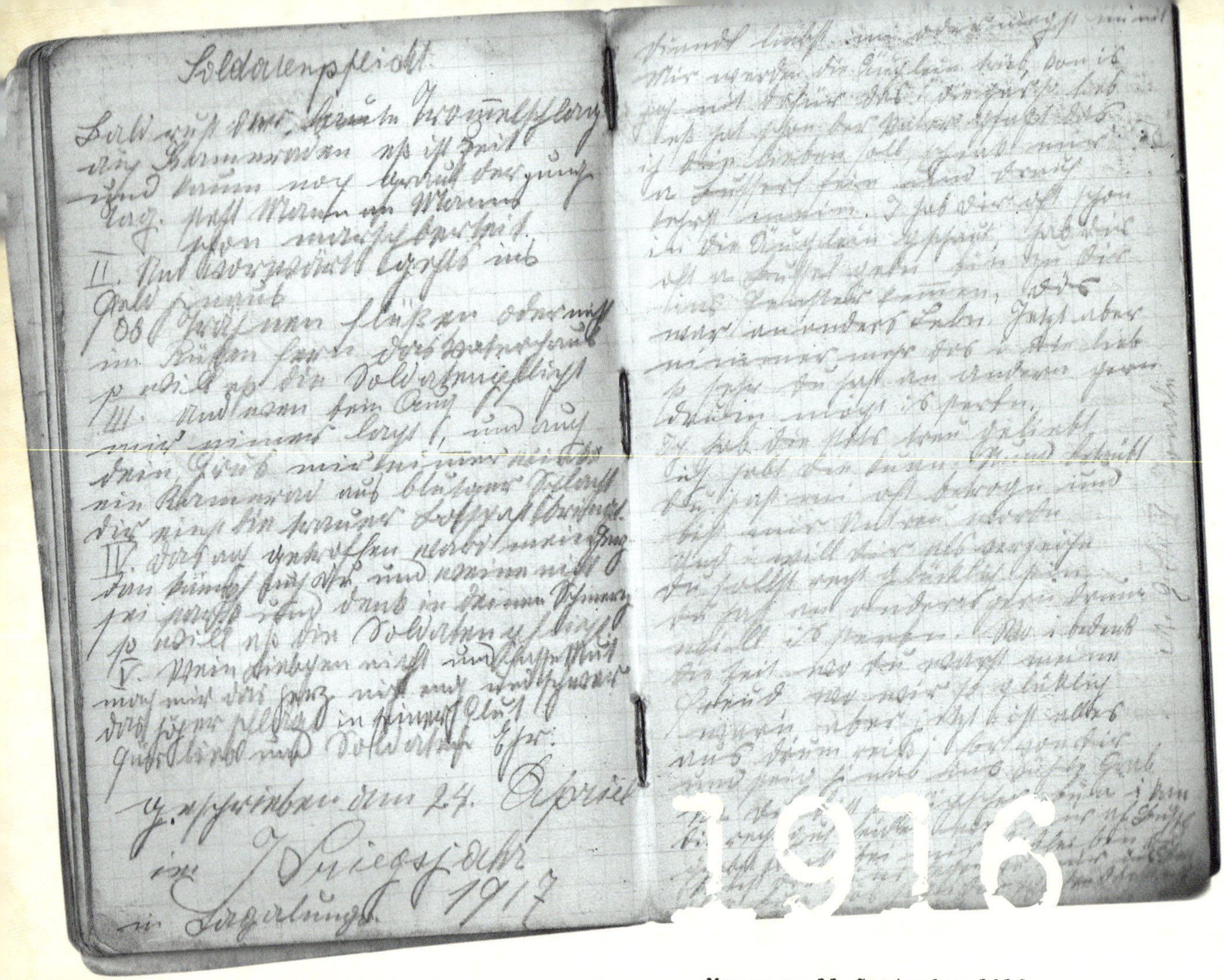

1916

Meran am 11. September 1916

Am 13. kam ich nach Ponto Vekio und am 13. kam ich nach Cima Nera zu meinen Kameraden.

Und am 16. mußte ich wieder nach Fucina um Stein Matrial zu fassen für den Herrn Leutnant.

Und am 17. kam ich wieder zurück.

Heute der 21. September: die Fenster sind ganz zugefrohrn und es weht ein eiskalter Wind, den ganzen Tag hatten wir Sturmwetter und die Kälte war S. 2 ziemlich groß. Gestern kam der Feldpater herauf und heute las er uns die hl. Messe und reichte uns die hl. Comunion.

Am 28. gingen wir nach Ponto becio hinunter um Itaienischer Munition.

Im Zuge der Ausstellungsgestaltung im Badehüttl auf Zufàll gelangte eine Abschrift des Tagebuches von Josef Bauer, Baon Passeier, in meine Hände. Ich erkannte sofort die Originalität des Schreibenden. Weitere Recherchen ergaben, dass der Sohn des Verfassers noch lebte. Ich besuchte ihn 2023 in Tiss bei Goldrain und bekam die Erlaubnis, die Aufzeichnungen abzudrucken. Der Text ist einmalig, die Sprache bildhaft und eindringlich. Hin und wieder mischt sich sarkastische Ironie in die Zeilen. Ein Dokument, das weit mehr aussagt als Bände von Kriegserinnerungen, die im Nachhinein meist von ehemaligen Offizieren verfasst wurden.

Transkribiert wurde das Heft von Hermann Theiner, Latsch.

Der Autor

Am 7. Oktober schoß der Klaus und der Hanns beide eine Gemse.

Am 11. Oktober schoß der Klaus und der Alberich beide eine.

Heute am 13. Okt. wurden hier bei der Kaiser Wilhelmhütte zwei Russen erschossen, welche aus der Gefangenschaft entflohen und hier erwüscht wurden, und sogar auch unsere Leute waren dabei beim Erschießen(?).

Heute der 14. Oktober um halb 12 Uhr hl. Messe.

Heute Kirchtag, der 15. Oktober, nachmittag Brennsuppe und Gemspraten.

Heute den 17. Oktober ein furchtbares Sturmwetter.

Heute am 18. Okt. schossen wir wieder eine Gemse.

Heute der 31. Oktober Allerhl. Abendt wieder um 6 Uhr hl. Messe und Empfang der hl. Sakramente.

Es ist heute ein schöner warmer Tag, der Feldp. ist gestern abends herauf gekommen. **S. 3** Auf Samstag zu dem Mittagessen Braten mit Zwespen.

Heute am 4. November kam ich nach Civedale zum Schießkurs. (?)

Heute der 12. Sonntagvormittag: nach Firkele mit Holz. Nachmittag haben Ruh.

Heute der 13. Nov. nach den Lang See Skie fahren, es ist wieder warm.

Heute der 17. November 16° Kälte.

Heute der 26. November, wir gingen nach Ponto Vekio, dem Kaiser Treue schwören und nahmen den Profiant mit herauf und es schnieb und war ein sehr schlechter Weg, die Leute waren ganz erschöpft herauf gekommen.

Am 1. Dezember kam ich wieder nach Cima Nera herauf und hier hab ich's sehr schön.

Heute der 9. Dez., schon drei Tage kommen wir nimmer aus vor lauter Neuschnee.

Heute der 12. Dezember, wir können nicht aus der Hütte gehen wegen wind und Sturm.

Heute der 14. Dezember, in der Früh war die Hütte ganz eingeschnieben, an der untern Seite ging der Schnee noch über den Dach hinauf, ja den ganzen Vormittag machten wir Tunnel. Der Schnee ist 4 Metter tief: an manchen Orten noch viel mehr.

Heute das hl. Weihnachtsfest, auf Mittag 4 Knödel und ein Braten pro Mann.

Heute Stefan, der 26. Dezember, 8 Mann nach Ponto vecio um Profiant, ich ging auch mit.

Am 29. Dezember kam ich nach Cevedele herunter.

Heute 31. Dezember, es weht ein furchtbarer Wind, es ist draußen fast nicht zum Aushalten.

Heute Neujahrstag. Wir fuhren zur Seilbahn, den Profiant holen, es ging ein solcher Wind, daß er uns niederblies wie die Schmelchen, und der Schnee ist jetzt so hart, daß wir auf manchen Stellen in den Schuhen nicht Stand haben.

Heute der 6. Jänner 1917, wir gingen zur Seilbahn den Profiant holen, das Wetter ist schön.

Heute der 8. Jänner, in der Früh 17° kalt.

Der 11. Jänner 18° Kälte. Das Wetter ist schön. **S. 5**

Heute der 15. Jänner, mit den Ski nach Ponto vecio,

Heute der 20. Jänner 17, wir gingen nach Ponto vecio oder fuhren eigentlich mit den Ski hinunter. Es ist mildes Wetter.

Heute gingen ich und der May Hanns über den Gletscher hinunter spazieren, aber wir fanden nirgens ein Diar mer (?).

Heute der 24. Jänner, nach Ponto vecio um Profiant, ein ausgezeichneter Schnee zum Skifahren.

Heute am 4. Februar kam ich wieder nach Cima Nera hinauf

Heute der 9. Februar gingen wir beim Mondschein auf den Ferner hinüber. Ski fahren war sehr hötzig.

Heute am 12. Febr. ging ich und der Dietl und Rafft mit den Ski auf der Gemsjagd, sahen leider keine Gemse.

Heute ist Aschermittwoch, auf Mittag eine Brennsuppe.

Heute am 28. Februar 22° Kälte, das Wetter sehr schön, um Mittag noch 16° Kälte bei Sonnenschein. Auf Mittag Strauben mit Marmelade, Fleisch und Suppe. S. 6

Am 8. und 9. März mußten wir die Hütte hüten und konnten nicht aus wegen Lawinengefahr.

Der März ging mit Schnee und Wind zu Ende.

Der April fängt mit Schneefall an.

Heute der 7. Apr., Palmsonntag, mehr als ein M. neuen Schnee; auf Mittag Rindsbraten mit Plenten. Ausgekommen sind wir gestern und heute nicht.

Vom 30. März bis zum 5. Apr. kommen wir nicht mehr aus, denn es hat geschnieben, oder es ging der Wind. Schnee machte es diese Tage 1 1/2 Meter.

Heute ist Charsamstag, ist wieder ein besseres Wetter. Gestern am Charfreitag war ein solches Sturmwetter, daß ich selten eines sah, und daß wir alle halbe Stunde das Fenster ausschaufeln mußten. Vor der Hütte konnte sich länger als ein paar Minuten niemand aufhalten. S. 7

Cimanera:

Heute ist Ostersonntag, die Nacht schien der Mond sehr hell auf die ewigen Schneefelder herunter. In der Früh Mus und Kaffee, sch[warz]. Brot haben wir keines. Am Abend ging ein sehr starker Wind.

Heute am 13. April mußten uns drei Maschinisten fort von Cimanera, ich bis Lagalungo, 2 bis Falzrigel oder noch weiter. Es war so finster, daß wir bereits nit herunter fanden.

Heute der 16. April, das Wetter ist schlecht oder vielmehr sehr windig, daß man in der Hütte bleiben muß.

Heute, der 19. April, heute ging ich zur Osterkommunion und dann nach Ponto Vekio um Profiant. Es geht ein furchtbarer Wind.

Heute der 24. April nach Pontovekio mit der Post. Der Wind geht immer.

Heute am 30. April außer Ponto Vekio hinaus um Draht, um 1/2 fünf Uhr zurück.

Heute am 4. Mai war hier in Lagalungo hl. Messe, dann ging ich mit den Pater Mathias nach Ponto Vekio. S. 8

Heute der 17. Mai, Christi Himmelfahrt. In der Früh haben wir die hl. Sakramente empfangen und darauf war hl. Messe mit einer kurzen Predigt.

Heute am 19. Mai ist es 2 Jahre, daß wir eingeruckt sind.

Heute am 24. Mai wurden wir geimpft an der Brust.

Heute der 27. Mai, Pfingstsonntag, ein herrlicher Tag, übungsschüßen mit den Maschiengewehr, vormittag nach Ponto Vekio um Profiant.

Heute am 2. Juni bin ich wieder auf Cima nera herauf von Lagalungo, es war eine schreckliche Hitze.

Heute am 6. Juni mußten wieder 5.700 Italienische Patronen nach Marmola hinunter und auf Lagalungo kam wieder das Maschiengewehr fort.

Heute am 8. Juni wieder nach Civedale herunter, alle drei Maschienisten und auch das Maschiengewehr.

Heute der 10. Juni, Frohnleichnamssonntag, trübes Wetter. Wir müssen Maschieng. Stellung bauen anstatt in Sehweinsteg Fest feiern. S. 9

Heute der 15. Juni, Pfeitstag, ein sehr schöner, warmer Tag, in der Früh hl. Messe und hl. Kommunion dann nach Ponto Vekio um Profiant.

Heute am 16. Juni bin ich wieder nach Cimanera herauf gekommen mit den M G.

Heute ist der 17. Juni, Herz Jesu Sonntag, ein wunderschöner Tag. Ich bin an diesem Tag in der gleichen Hütte voriges Jahr und heuer, also in Cimanera.

Nach Mittag müssen wir alle 8 Mann nach Civedale hinunter zur Impfung.

Heute am 17. Juni haben wir Scheibe geschossen.

Heute am 22. Juni ist es ein Jahr, als wir da herauf sind. In der Früh ist der Feldp. gekommen, die hl. Messe lesen.

Heute am 26. Juni, Wetterherretag, nachmittag kamen 2 Rehe bis 200 Meter unter der Hütte herauf Ich und der Alberich ließen ihnen wohl ein paar Kugeln nach, aber immer da.neben für.

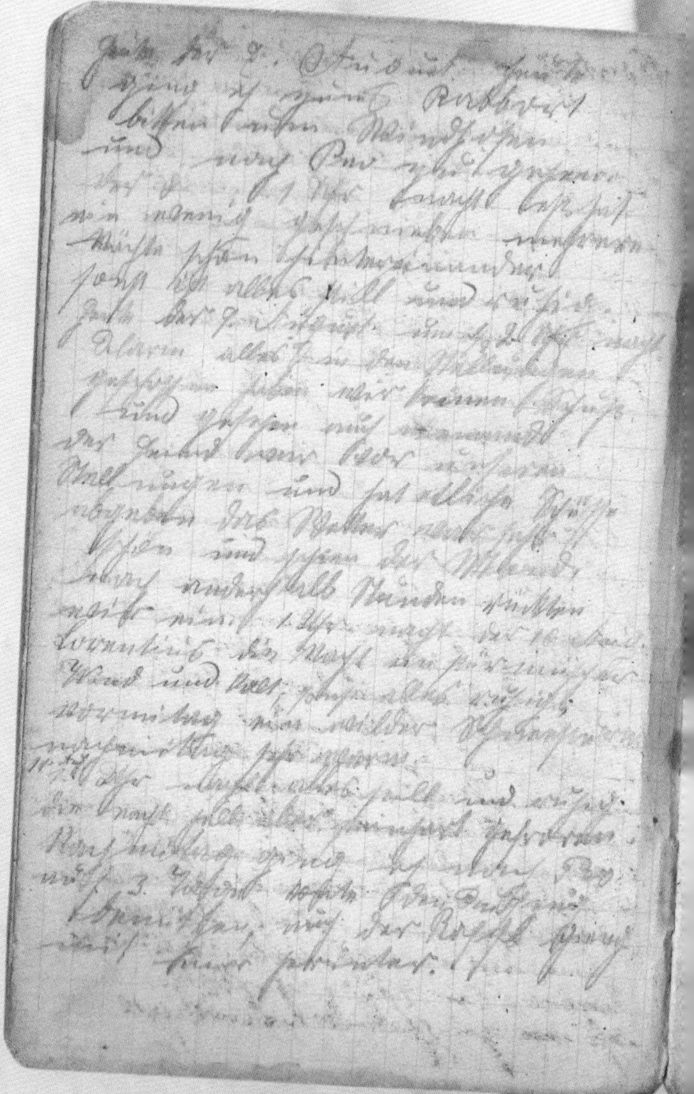

Standort Ponto Veckio:

Gestern am 28. Juni von Cimanera herunter mit der Rüstung, heute geht es nach Malga Salina.

Am Peter und Paulstag in der Früh war hl. Messe. S. 10

Heute der 30. Juni, Standort Vioz:

Heute in der Früh bin ich von Malga Saline herauf, vom Plockhaus bin ich auf den Aufzug gefahren samt den Maschieng. Um 10 Uhr war hl. Messe.

Der 1. Juli: Ich bin bei der Maschieng. Stellung Vioz, den ganzen Tag bereits schneiben und dazu Sonntag.

Heute der 4. Juli, den ganzen Tag Nebel und und etwas Schnee dabei.

Heute der 5. Juli, den ganzen Tag Schneegestöber und die Nacht ein großer Sturm, es wahnte ganz schrecklich und war auch hüpsch kalt.

Heute der 7. Juli, heute war einmal ein bessers Wetter, hat es nicht geschnieben.

Heute ist Sonntag, der 8. Juli, es ist ein grausiges Wetter, der Wind pfeift den ganzen Tag und mitunter auch schneibe- ja, das sind Tage im Juli, und grünen Zweig gibt es hier keinen. Am Abend war ein schreckliches Sturmwetter mit Schnee und Wind.

Heute der 10. Juli, die Nacht war ein fürchterliches Sturmwetter, so daß (das) man unmöglich S. 11 im Freien(?) existieren, nie habe ich in der Heimat ein so wildes Wetter gesehen wie heute nacht.

Den 9. auf den 10. Juli und in der Früh um 8 Uhr bei Sonnenschein waren noch 8 Grad Kälte und am Abend wieder Schneegestöber.

Heute am 11. Juli ist das gleiche Wetter wie gestern nacht, daß es ganz finster ist. Am Abend bin ich nach Fomo hinein mit einen Maschieng., und der Feind hat dort ein wenig geschossen mit der Attleri.

Heute der 12. Juli ein herrlicher, wunderschöner Tag. 3 Wochen war kein solcher mehr. In der Froh 7 Grad Kälte. Die Sonne scheint von 1/2 6 bis 7 Uhr abends. Nachmittag mußte ich mit 2 Mann und dem Masching. nach der linken Fomo Feldw[ache].

Heute der 13. Juli in der Früh sehr kalt, sonst ein herrlicher Tag. Heute Abend haben wir einen Verwundeten durch ein Schrappnell. S. 12

Heute der 14. Juli ein herrlicher Tag, etwas Artillerie Feuer. 1 Uhr nachts linke Forno Feldw.

Heute Sonntag der 15. Juli, vormittag arbeiten, Grund graben zur Parake, nachmittag Feiertag, das Wetter ist schön.

Heute der 17. Juli: das war eine Schreckensnacht für uns hier, um halb 1 Uhr nachts schlug der Plitz in der nächsten Feldwache ein, wo zirka achtzehn Mann darin waren, und unser Posten bemerkte dieses, obschon es ihm selbst niederschlug, und berichtete uns dieses, da lief ich sofort mit einem Licht hinüber und fand sie alle noch in der Hütte unter Jammern und Hilferufe, ich konnte gleich ein paar befreien, obschon es nicht Leichtes war. Da die Türe sehr wenig Raum gab, aber in kurzer Zeit waren auch die übrigen auf der Stelle, um Hilfe zu leisten. In der Hütte war alles Rauch und am Boden Feuer, 5 Kilo Pulver sind in Flammen gegangen und auch ein paar Patronen.

S. 13 Temomit (?) und Handgranaten explodierten nicht, obschon bereits der ganze Boden in Glut ware. Die Mannschaft war alle verwundet und hatten schreckliche Brandflecke (?). In ein paar Minuten währe alles eine Leiche gewesen, wenn die Hilfe nicht sofort gekommen währe. Eine Stunde später hatten wir Alarm: und dazu hat es noch fürchterlich geregnet und finster wie in einem Sack.

Heute der 18. Juli, die Nacht Schnee, Blitz und Donner, den Tag darauf ab(er) schön Wetter und Sonnenschein.

Heute der 19. Juli den ganzen Tag gut Wetter. Heute ging ich zum Rabbort um Urlaub bitten.

Der 20., 12 Uhr nachts, eine helle Sternennacht, um 11 Uhr ein dreimaliges Hurra rufen, zum Italiener hinunter auf den Sieg in Galizien.

Heute Sonntag, der 22. Juli, ein schöner Tag, in der Früh stark gefroren, 12 Uhr nachts am Stilfser Joch lebhaftes Infanteriefeuer, die Nacht ist klar aber nur kalt. S. 14

Der 24. Juli ein wl.mderschöner Tag(?) aber vormittag bekam ... mit ... arbeiten, wir waren bis 12 Uhr mittag.

Der 25. Juli, Jakobitag, 2 Uhrnacht, linke Forno, die Nacht ist still und frisch und morgens stark gefroren.

Der 26. 4 Uhr früh die ganze Nacht war ich auf der ... Es ging eine Patroule hinunter, die Nacht war neblig und um Mittag schnieb es, als wen der Himmel offen währ.

Der 27. 1 Uhrnacht, eine unserer Patroule ist drunten, sich verbünden machen, die Nacht ist klar.

Heute der 28. Juli um 11 Uhr nachts Alarm in den Stellungen, bis halb sechs Uhr früh. Der Feind griff zwei Feldwachen an, auch an unserer kam eine Patroule von ca. 20 Mann, wurde sofort aber zurückgeschlagen und erfroren sind wir uns genug, obschon schön Wetter war, aber 4 Unserer wurden vom Italiener die Nacht gefangen.

Heute der 29. Juli 4 Uhr füh: um 12 Uhr nachts Alarm bis 3 Uhr in den Stellungen, eine unsere Patroul stieß auf einer feindlichen an in der Stärke S. 15 von wenigstens 10 Mann, bei die unsrigen waren blos 6 Mann, aber der Feind wich davon zurück, geschossen wurde heute nicht, aber gestern erhielten wir ein sehr starkes Feuer, auch von Attleri und Musketen.

Heute der 30. Juli 3 Früh: Die Nacht ist heute ruhig und der Walsche schläft.

Heute der 31. Juli: Die Nacht Alarm und noch ein so fürchterliches Wetter, Wind und Schnee. Zum Glück konnten wir nach 2 Stunden einrücken, denn es war nur eine feindliche Patroule, und die zog sich sofort zurück. Den ganzen Tag war ein fürchterliches Sturmwetter und eine Kälte fast zum Erfrieren in den Unterständen. Die Nacht war es gleich, doch kein Alarm mehr.

Heute der 1. August: Ein so schreckliches Wetter wie gestern. In der Heimat bin ich im Winter nie in kein solches dreingekommen. Jah, wie froh wäre man hier um ein dürres Holz, aber alles hat man nur grünes. Die letzten zwei Tage hat man Tag und Nacht zu kalt gehabt. S. 16

4 Wochen hatte ich die Schuhe Tag und Nacht an den Füßen und die Socken noch länger, man darf sie niemals ausziehen, aber viele leiden an Rematiesmus, den oft bereits die ganze Nacht draußen stehen bei Alarm und kalt ist es auch immer, das ist kein Schwindel. In der Heimat eine so schöne Zeit und der schönste Sommer und da sieht man Tagweise keinen grünen Zweig, und jeden Tag gefroren und eine Kälte wie im Winter, und nicht als Gletscher und Steine und sell den dritten Sommer. Wann wird man noch das Glück haben, in der lieben Heimat zu leben.

Heute der 5. August, Sonntag, jetzt ist wieder einmal eine Ruhe mit diesem scheislichen Alarm, warm ist es nicht, auch einen Porziunkula Sonntag, aber so schöne Zeiten haben wir heuer nimmer wie voriges Jahr in Cimanera, da hatte man noch etwas zum Essen, aber hier geht es sehr knapp mehr hehr. S. 17

Heute der 7. August, heute ging ich zum Rabbort, bitten um Windhosen um nach Peh zu gehen. ...,

Der 8.: 1 Uhrnacht, es hat ein wenig geschnieben, mehrere Nächte schon hintereinander, sonst ist alles still und ruhig.

Heute der 9. August um 1/2 2 Uhrnacht Alarm, alles in den Stellungen, geschossen haben wir keinen Schuß und gesehen auch niemand. Der Feind war vor unseren Stellungen und hat etliche Schüsse abgeben. Das Wetter war sehr schön, und schien der Mond. Nach anderthalb Stunden rückten wir ein.

1 Uhr nacht der 10. August, Laurentius: die Nacht ein stürmischer Wind und kalt, sonst alles ruhig; vormittag ein wilder Schneesturm, nachmittag sehr warm.

11. August: 2 Uhrnacht, alles still und ruhig, die Nacht hell, aber steinhart gefroren.

Nachmittag ging ich nach Peo auf drei Tage, konnte den Aufzug benützen; auch der Raffl ging mit mir herunter. S. 18

Sonntag der 12. August: Um 9 Uhr ging ich in Peo zur heil. Messe, ist gerade 11 Monat als ich das lezte mal in einer Kirche war.

Heute der 13. vormittag ging ich nach Cogalo, es ist sehr war(m) hiehr. Habe volle sechs Wochen keine Hand voll Gras mehr gesehen. Vom 1. Juli bis 12. August.

Heute der 14. August 17: Ende Wald ober Malga Saline kommt mir vor als wie auf den Jöchl. Bin jetzt auf den Sommersteig Vioz; Vioz, es ist sehr sehr kalt und pfeift ein eisiger Wind;

hiehr bekam ich Kaffee, um bald 9 Uhr abends kam ich nach Forno und um 12 Uhr bin ich in Peo fort und bereits alleweil gegangen.

Heute Maria Himmelfahrt, 1 Uhr nachts, es ist stockfinster und tut stark regnen, mitunter auch schneiben; den Tag war schön Wetter.

Heute der 16. Die Nacht still und schön. Um 4 Uhr früh fing es an zu schneiben und sell S. 19 stockfinster.

Heute der 17.: Tag und Nacht schön Wetter, in der Früh aber sehr kalt und steinhart gefroren. Nachmittag Feiertag und Freischüßen in Forno. Den ganzen Tag schön Wetter.

Heute der 19. August, den ganzen Tag sehr schönes Wetter. In Forno Dekerierung mit dem Karl-Truppenkreuz, aber nur die Eskadron.

Der 21. August: 10 Mann von unserer Wache nach Vioz um Holz. Auf dem Vioz Sturmwetter.

Heute der 22.: Nach Viozum Profiant. Das Wetter sehr schön.

Der 23.: Nach Vioz um Flöcken, jeder drei Stück bis Fomo. In der Früh ist es immer stark gefroren. 2 Uhr nachts um 1/2 3 Uhr kam der Leutnant Maier, Wache fisetieren. Den ganzen Tag sehr schönes Wetter, es ist nämlich Bartlmätag; Stellung bauen, anstatt Gruamat mähen.

Heute der 26. August: 1 Uhr nacht, kann die ganze Nacht keinen Augenblick schlafen; sonst ist es nit kalt und neblig und alles still, dazu noch Sonntag. Am Abend hat uns der Obj. Pinggera fotograffiert. S. 20

Der 27. August: in der Früh ein furchtbares Sturmwetter und Schnee.

Heute der 28. August: Heute ist es ein Jahr, daß ich das letzte Mal in Urlaub gefahren bin.

Heute der 29. August: den ganzen Tag ein furchtbares Sturmwetter, Schnee und Regen und ein tamischer Wind dazu. Dann mußten noch 2 Mann auf den Vioz hinaus, von uns, um Profiant. Diese hatten keinen Schwindel, denn dort droben sind noch ärgere Wetter als an den anderen Orten. Bei solche Wetter kann man einen guten Unterstand nicht genug schätzen, wie wir jetzt einen haben, aber vor kurzer Zeit hatten wir noch ein Sauloch, wo man unter 3 Decken noch zu kalt hatte und kein Feuer nichts nützte.

Heute der 30.: In der Früh sehr kalt.

1 Uhr nachts den 31. August: Vollmond und sehr hell, alles still und kalt nicht. Bis 12 Uhr haben ich und der Wachtmeister Schach gespielt. Nachmittag gab ich die Unterschrift für den Obj. Pingera. S. 21

Heute der 1. September 1917: Die Nacht ist still und hell.

Der 2. Sept.: 1 Uhr nacht: die Nacht sternenhell und Vollmond.

Heute der 3. Sept.: Die Nacht um 2 Uhr einen halben Alarm, sonst gut Wetter.

Am 3. Sept. bin ich nachmittag um 3 Uhr von Vorno fort auf Urlaub.

Der 22. Sept. Bozen 11 Uhr nacht: Grad von Meran herunter.

Peo, der 25. September, nachmittag nach Malga Salina. In der Früh hab ich noch die hl. Communion empfangen; wer weiß, wie lang man keine solche Gelegenheit mehr bekommt.

Den 26. September: Holz arbeiten im Walde Malge Saline.

Heute der 29. September, Michlstag: Unser etliche Standsch. tun Holz arbeiten im Walde Malga Saline.

Heute der 30. September: um 8 Uhr hl. Messe. Nachmittag ging ich nach Peo. Um Mittag war der Jog hiehr in Saline zur Visitt und war zu seinen Unglück Frontd. Ist wohl ein trauriger S. 22 Tag für ihn, ich kann mirs vorstellen, in Urlaub gehen oder auf den Vioz sind ungleiche Wege.

Heute am 2. Oktober mußten uns 70 Mann und 80 Russen nach Vioz mit 2 Drahtseilen, das wir hatten war 700 Meter lang, ein jeder 10 Meter zum Tragen; um halb vier Uhr kamen wir hinauf bis mit Gletscher und dann ging es nimmer mehr und mußten zurück, um 5 Uhr kamen wir an und bekamen Minasch.

Heute am 3. Oktober mußten wir wieder hinauf, das Seil ganz hinauftragen. Um 1/2 6 Uhr früh Kaffee, um 1/2 6 Uhr abends kamen wir zurück und bekommen Minasch, den Tag aber kein Maul voll zum Essen, aber dafür strenge Arbeit.

Heute am 4. Oktober haben wir Rast.

Heute am 8. Oktober mußten uns 20 Mann auf den Vioz hinauf S. 23 Wir kamen hart hinauf vor lauter Sturm.

Heute am 9. Oktober zweimal mit Holz zum Eskadronskommando hinein und ein Wetter, das ichs mein Leben nie gesehen habe, ein solcher Sturm, daß es nicht zum Beschreiben ist, und doch kein Mensch glauben kann, der es nicht erfahren ist.

Am 10. und 11. und 12. ist das gleiche \Vetter und die gleiche Arbeit.

Am 12. und 13. ein bißl besser, halt einen knietiefen Schnee und 3 mal mit Holz fahren.

Heute ist Sonntag, der 14. Oktober: Ein Wetter nicht zum Beschreiben, so stürmt es, und die ganze Woche war es gleich, und am Abend kam die Kanzlei zum Eskadronskomd. Hinein samt den Wachm. Wendler. Zur Minasch Dörrgemüs-Suppe und Fleisch.

Heute der 15.: wieder mit Holz hinein, 4 mal, und das ist, das Wetter ist nicht schön.

Am 16. auch 4 mal mit Holz hinein, das S. 24 Wetter war heute nit schlecht.

Heute der 17. Okt.: in der Früh wieder neuer Schnee. Holz ziehen ist unsere Arbeit.

Am 18. und 19. war wieder schlechtes Wetter.

Heute der 20. Oktober: Ein wildes Wetter und doch mußten wir mit Holz fahren, aber doch nur 2 mal.

Franz Bauer (oben) und sein Sohn Karl Bauer im Gespräch mit dem Autor (unten). Sommer 2023

Heute der 21. Ursula und Kirchtag. Vormittag mit Holz hinein, nachmittag kam ich zum

großen Aufzug herunter. Auf Mittag einen Knödel, Fleisch und Suppe, aber nach der Minasch kochte ich mir sofort eine Prennsuppe.

Heute der 22.: Heute kam ich zum Aufzug, 12 Uhr nachts Afzugsstelle Vioz zu. Am 23. Okt.: 16 Grad Kälte und ein schreckliches Sturmwetter.

Heute am 26. 10. bin ich in der [Früh] fort nach Pt hinunter,_ konnte hinunter und herauf fahren, aber nur auf eigene S. 25 Faust, um 4 1Jhr war ich wieder zurück.

Heute am 27. war wieder ein schiechs Sturmwetter.

Heute am 28. Okt. war ein furchbares Sturmwetter, daß ich selten ein solches gesehe habe, der Wind blies einem direk.7: nieder, und dazu noch schneiben- wir sind uns genug erfroren in der Aufzugshütte Vioz, sogar das Feuer war bereits nimmer warm.

Heute ist Allerhl. Tag: Ich bin auf den Vioz beim großen Aufzug. Das Wetter ist schön. Auf Mittag Dörrgemüs-Suppe und Fleisch, anstatt in der Heimat eine Schüssel voll Kiachl und Knödl.

Heute der 2. Nov.: Um 10 Uhr bekam ich einen furchtbaren Magenschmerz, drei Stunden lang, der Doktor war lei zum Glück bei der Hand, sonst weiß ich S. 26 nicht, wie gangen währe mit mir.

Heute am 3. bin ich wieder gut, ein bißl schwach halt noch von gestern, die Nacht hatte ich frei.

Heute ist Seelensonntag, der 4. November. Ich bin heute wieder im Dienst gegangen zum Aufzug, aber ich bin noch ganz schwach und sogleich müde, sobald ich 10 Schritte gehe. 12 Uhrnacht.

Heute der 5. Das Wetter ist jetzt sehr schön und auch die Nacht nicht kalt, von 4 Uhr abend bis 12 Uhrnacht bin ich im Dienst, aber dann den ganzen Tag frei. Es sind uns 3 Mann beisammen, alles Passeirer.

Heute am 7. sind wieder 24 Mann von uns herauf gekommen und die Maleer sind heute alle hinunter, jetzt bin ich wieder vollkommen gesund, halt noch ums spüren schwächer. S. 27

Heute am 14. und 15. ist wieder Sturmwetter, und der große Aufzug geht auch schlecht, nur mit Gegengewicht. In der Früh 20° Kälte.

Heute am 17. geht der Aufzug wieder. Die Nacht haben wir uns zwei Mann Kiechl gebacken aus Brot und Marmelade, und ein paar Äpfelkichl hab ich gemacht. Der Wind geht etwas weniger.

Heute am 21. geht wieder ein schrecklicher Wind, so daß man fast nicht stehen kann, und ein Stück Dach hat es auch samt die Rafen fort beim Aufzug, und die Kanthölzer und Brennholzbrügel hat' s herumgetragen wie zu Haus die Hobelschoaten, von die Flöcken ist keine Rede, die hat man nur mehr die halben gefunden.

Heute ist wieder Sonntag S. 28, der 25. November, bis 8 in der Früh von zwölf Unrund am abend von 4 Uhr bis 12 nacht beim Aufzug. Der Wind weht nicht gar so stark.

Am 25. und 26. 11. 21° Grad Kälte und ein schrecklicher Wind.

Am 27. nachmittag bin ich wieder vom Vioz herunter und am 28. 11. ging ich dann auf Urlaub...

Jetzt bin ich im Wartesaal St. Michela um 3/4 fünf kam ich hier an und um 3/4 12 fährt der Zug Nach Bozen.

Meran, am 7. 12. um 8 Uhr fahr ich nach Bozen, es ist die Uhrlaubszeit wieder vorbei.

Male, am 8. 12. 1917, 12 Uhrmittag, heute noch bis Peo und ganz allein heute am 8. Bis Fontana, dann wieder zurück auf 3 Tage Urlaub. S. 29

Heute der 15. Dezember 1917: In der Früh daheim fort und am Abend bei der Kamp. in Pejo eingerückt um 1 1/2 Uhr nachts.

Heute am 18. Dezember kamen uns 13 Mann auf den Vioz herauf, konnten mit dem Aufzug fahren von Saroko.

Heute am 19. kamen wir auf Feldw. 4.

Heute der 24. 11 Uhrnacht und sehr hell und hüpsch kalt. Der Jog ist auf den Posten.

Heute der 25. Dezember: Es ist heute ein grausigs Wetter vormittag, Wind und Schnee. Am Abend Kraut und Kaffee.

Heute der 26. Stefanustag: Vormittag 6 Mann auf den Vioz um Holz; dazu eine schreckliche Kälte, 26 Grad und dazu noch ein schrecklicher Wind S. 30

Unser 4 hatten die Nase weiß und ich noch das rechte Wange und das Ohr. Habe lei alles mit Schnee eingerieben, sobald ich's bemerkt habe, das Ohr hab ich halt fingerdick bekommen und das Wange schwoll mir sehr auf Von Wange und Ohr rann mir dann das Wasser heraus, werde mich an diesen Tage, wenn ich das Leben habe, öfters erinnern.

Heute der 27.: 28 Grad Kälte und ein starker Wind dazu.

Heute der 31.: eine sehr helle und stille Silfesternacht und bei Tag zweimal auf den Vioz um Holz, es war ziemlich kalt obschon die Sonne schien. S. 31

Heute Neujahrstag 1918: Einmal um Holz auf den Lagerplatz hinüber mit den Ski, der Schnee ist sehr hört, sonst sehr schönes Wetter.

Heute am 2. ging ich und der Jog zweimal um Holz auf den Vioz, es war sehr kalt, daß wir die Nasen weiß bekamen.

Heute der 4. Jänner: Auf den Vioz um Holz, sehs kalt und ein narrischer Wind, in den Händen ist es fast nicht zum Aushalten.

Heute der 5. I.: Auf den Vioz sehr kalt und Wind und 5 Gefang.

Heute der 6. I.: HI. Drei Königntag: Unsere Arbeit ist Holz holüen auf den Vioz.

Heute am 7. auch auf den Vioz um Holz.

Heute am 9. um Profiant und Holz. 28° Kälte nachmittag bei Sonnenschein; ein Stück Nase hatte ich wieder weiß und im Unterstande Tag und Nacht alles Rauch, fast zum ersticken.

Heute am 10. I.: 30° Kälte und dazu noch ein sehr starker Wind.

Heute Sonntag der 13. I. 18: Auf den Vioz um Holz 10 Mann, Wind und Schnee. S. 32

Heute am 17. I. 18 werden wir abgelöst auf der Feldwache IV und auch vom Vioz. Gott sei Lob und Dank.

Heute am 18. maschierten wir von Pejo bis Cortina [Vermiglio], wo wir jetzt bleiben auf Retablierung.

Heute Sonntag der 22. Jänner 18: Gottesdienst in der Kirche Cortina.

Heute der 4. Februar: Unser 6 Mann auf den Tonalespitz und die Stellungen besichten. Das Wetter ist sehr schön. S. 33

Am 6. Februar gingen uns 5 Mann auf den Tonale links, Monte Zelle, sehr schönes Wetter.

Heute am 7. Februar ging ich auf Urlaub.

Am 2. und 4. März dreimal mit Holz zum Bach.

Am 28. III. mußte ich wieder einrücken

29. III. in Bozen.

Heute Ostersonntag, der 31. März: Von Bezano Fermiglio nach Montocello S. 34 In der Früh Kaffee, zu Mittag eine Konserv, am Abend Kaffee und Osterbeicht im Felde.

Heute den 5. VII. 1918: Um 11 Uhr die Nacht in der Stellung Sektion 20 fort, um 8 Uhr früh kam ich in Signalmattel (?) an und um 9 Uhr abends auf Meran.

Den 5. August 1918 um 12 Uhrmittag fuhr ich auf Meran ab und um 11 Uhrabend kam ich

nach Uliana, um 10 Uhr früh nach Biazzo, am Abend in der-Stellung im Borddolo Paß S. 35

Heute der 10. August 1918, Lorenzen Tag: ein schöner Tag aber langweilig genug hier auf Stützpkt. 20.

Heute am 14. August 2 Tote und 3 Verwundete auf Stützpkt. 19.

Heute der 15. Mariahimmelfahrtstag um 10 Uhr hl. Messe.

Heute der 24. August, Bartlmähtag: Die ganze Nacht gewartet, biß 6 Uhr früh.

Heute am 26. um 5 Uhr früh Trommelfeuer, in 15 Minuten 4000 Kanonenschüsse S. 36 vom Italiener.

Heute am 30. in der Früh um 5 Uhr begann beim Italiener ein starkes Trommelfeuer und dauerte 4 Stunden lang.

Heute am 31. August um 1/2 8 Uhr abend schlug eine feindliche Granatte Kal. 21 auf Sektion

20 neben einer Baracke ein, wovon 2 Passeirer schwer und 2 leicht verletzt wurden und 1 Toter war mit Namen Pius Schwarz.

Schutzengelsonntag S. 37

Zeitblase

Die österreichischen Offiziere lebten abgesondert von der Truppe, während das bei den Alpini in exponierten Lagen auf der anderen Seite wohl nicht der Fall war. Nicht umsonst ging bei Soldaten und Standschützen nach dem Krieg hinter vorgehaltener Hand die Rede um: „Wir zusammen mit den italienischen Offizieren hätten den Krieg gewonnen!"

Der Offiziersraum auf der Königspitze erblickt nach über 100 Jahren wieder das Licht der Gipfelwelt (gleich links).

Als vor zehn Jahren ungefähr am Rande der Gipfelwächte an der Nordwand der Königspitze ein erstes Durchscheinen einer Baracke zu sehen war, war ich wie elektrisiert. Das muss die Baracke aus der Gipfelspalte der Königspitze sein! Als ich 1992 auf dem Gipfel stand, waren da nur ein paar zerfledderte Munitionskisten und sonstiges Kriegsgerümpel. Nichts deutete darauf hin, dass wir mehr oder weniger über dem Dach der Baracke standen. Und jetzt kam sie allmählich zum Vorschein. Ich wusste: Da ist die Zeit eingefroren, genau wie sie am schicksalhaften 3. November 1918 hier gewesen war. Ich kannte das Gefühl, in eine ausapernde Baracke hineinzugehen. Die hier musste wie eine Zeitblase sein – einmalig in der Geschichte. Dazu kam noch etwas Menschliches: Melanie Platzer hatte mir erzählt, dass ihr Urgroßvater dort oben fünf Tage nach der Besetzung sein Leben durch einen Blitzschlag verloren hatte. Der Blitz hatte am Hütteneingang in eben jenes Telefonkabel eingeschlagen, das wir hier im Bild an der Wand sehen.

KG STILFS GP2699/1
FSR - NR. 2015/345
KOENIGSPITZE
08/09/2015
STRUKTUR 1

Bergungs-bericht

RUPERT GIETL | CATRIN MARZOLI | HUBERT STEINER

Das Amt für Archäologie legt eine Militärbaracke aus dem Ersten Weltkrieg auf der Königspitze frei

DIE GESCHICHTE

Die Königspitze dürfte ihren Namen aufgrund der beherrschenden Erscheinung und gebieterischen Form erhalten haben. Seit dem 19. Jahrhundert gelangte sie zunehmend in den Blickpunkt der Geschichte.

Zu Beginn des Alpinismus stand die Königspitze im Schatten des Ortler, dessen Erstbesteigung 1804/05 als Meisterleistung galt. Die Erstbesteigung der Königspitze erfolgte durch Stephan Steinberger 1854, allerdings wurde diese in der Folge immer wieder angezweifelt. Die topografische und touristische Erschließung ging Hand in Hand, Bergsteiger eroberten die Gipfel, der Österreichische Alpenverein trug zur Erschließung bei, Julius Payer setzte sich intensiv mit der Kartografie und der Glaziologie auseinander. Die Königspitze wurde Thema in der Alpinliteratur, doch rückten zunehmend militärische Interessen in den Fokus.

Die Schlacht von Solferino führte 1859 zur Abtretung der Lombardei von der Österreichisch-Ungarischen Monarchie an das Königreich Piemont-Sardinien. Damit veränderte sich die strategische Lage der Ortlergruppe, sie wurde zum Grenzgebiet. 1872 wurden erstmals Alpini-Kompanien aufgestellt.

Schon vor dem Ersten Weltkrieg führten Landesschützen, die österreichische Gebirgstruppe und Alpini sommers wie winters in der Ortlergruppe militärische Übungen durch. Im September 1915 versuchten italienische Truppen, die benachbarte Suldenspitze zu erobern, wurden aber zurückgeschlagen. Die Königspitze erlangte ab 1916 eine immer größere strategische Bedeutung: Es begannen gezielte Erkundungsmissionen sowohl von italienischer als auch von österreichischer Seite. Der bekannte Alpinist Fritz Rigele führte eine erste Patrouille auf den Gipfel, um von dort italienische Stellungen zu beobachten.

Im Frühjahr 1917 fiel die Entscheidung der Österreichisch-Ungarischen Monarchie, die Königspitze zu besetzen, da sie als taktischer Beobachtungspunkt und zur Kontrolle feindlicher Nachschubwege ausgezeichnet geeignet war. Detaillierte Erkundungen am Königsjoch und auf der Königspitze bestätigten, dass Italien ebenso beabsichtigte, sich der Königspitze zu bemächtigen. Die Besetzung durch

Die Baracke im Sommer 2015

österreichisch-ungarische Truppen erfolgte schließlich zwischen dem 22. und 25. Mai 1917, was eine intensive Reaktion seitens der italienischen Armee auslöste. Die österreichisch-ungarischen Truppen festigten rasch ihre Position, indem sie in der Gipfelspalte der Königspitze eine erste Baracke errichteten. Der Ausbau der Stellung umfasste zudem einen soliden Graben am Königsjoch, Befestigungen auf der Kreilspitze und den Königsschultern. Die Versorgung erfolgte anfangs ohne Seilbahnen, erst im Frühjahr 1918 bestand die gesamte Verbindung von Sulden bis auf den Gipfel der Königspitze.

Das Wetter und die Geländeverhältnisse stellten hohe Anforderungen an die Truppen. Ein Blitzschlag im Mai 1917 und weitere Naturgewalten forderten Menschenleben.

Im Frühjahr 1918 wurde Leutnant Gunther Langes ins Ortlergebiet abkommandiert. In seinem Werk „Die Front in Fels und Eis" beschreibt er eindrucksvoll den mühsamen Aufstieg zur Königspitze, die Gefahren des Gletschers, die steilen Eisrinnen und Felsgrate. Hitze, Durst und körperliche Anstrengungen waren ständige Begleiter der Soldaten. Es kam zu Unfällen, Stürzen und tragischen Verlusten. Der Kriegsalltag auf einer Höhe von über 3800 Meter über dem Meer wird als entbehrungsreich und gefährlich geschildert. Das Wetter und die Naturgewalten stellten ebenso wie der Feind eine Bedrohung dar. Die Nähe zur

Der Ostgrat mit Blick auf den Gipfel der Königspitze

Zwei Helme, die im Außenbereich gefunden wurden (oben) und Kiste mit MG-Munition (unten)

Die Isolatoren der Telefonleitungen an der Ostfassade der Baracke

italienischen Feldwache am Suldengrat führte zu ständigen Schusswechseln. Ein Angriff seitens des italienischen Militärs im Frühjahr 1918 scheiterte. Im Sommer 1918 wurde die Königspitze weiterhin von österreichisch-ungarischen Truppen gehalten, es kam immer wieder zu gegenseitigen Überfällen.

Im September 1918 setzte ein Blitzschlag, der auch zahlreiche Verletzte forderte, die Baracke in Brand, die bis zum Kriegsende nur mehr provisorisch instand gehalten wurde. Die letzten Kriegswochen nahten bereits.

In der Früh, um 4.30 Uhr, des 3. November kam schließlich der Befehl zur sofortigen Einstellung der Kampfhandlungen. Die Anordnung wurde an die ganze Front telefonisch weitergegeben, es durfte kein Schuss mehr abgegeben werden, alles außer Verpflegung musste zurückgelassen und durfte nicht gesprengt werden.

Im Hochgebirge war längst der Winter eingezogen und breitete in der Folge einen Schleier des Vergessens über die Front. Dieser Schleier sollte den Gipfel der Königspitze für über 80 Jahre bedecken.

DIE WIEDERENTDECKUNG DER BARACKE

In der Nacht vom 3. zum 4. Juni 2001 stürzte die Gipfelwechte der Königspitze donnernd zu Tal, rund 70.000 Kubikmeter Eis blieben am Fuß der Nordwand liegen. Bis in die 1960er-Jahre stellte diese, auch Schaumrolle genannt, den größten Hängegletscher des gesamten Alpenraumes dar. Dass sich in seinem Inneren eine Zeitkapsel verbarg, von der kaum mehr jemand wusste, wurde den Einheimischen und Bergsteigern erst nach und nach bewusst. Im Laufe der Jahre aperten in den Sommermonaten am Gipfelgrat Holzbalken, ein Kaminrohr und schließlich die Ecke einer mit Lärchenschindeln verkleideten Baracke aus. Allmählich wurde den Kennern vor Ort klar, dass etwas Besonderes dabei war, ans Tageslicht zu treten.

Da im Zuge der Klimaerwärmung immer mehr Relikte des Krieges von 1915 bis 1918 aus dem schmelzenden Eis ans Tageslicht traten, wurde im Jahr 2006 der „Ortlerfront Sammlerverein Erster Weltkrieg" gegründet mit dem Ziel, die Ereignisse des Ersten Weltkrieges und dessen Hinterlassenschaften zu erforschen. Der Verein meldete 2014 dem Amt für Archäologie das Ausapern der ausgezeichnet erhaltenen Gipfelbaracke auf der Königspitze. Die einzigartige Struktur, einst in einer Gletscherspalte auf dem Gipfelplateau angelegt, war nach dem Abbrechen des Hängegletschers von Jahr zu Jahr zunehmend besser sichtbar. Der fortschreitende Gletscherschwund ließ die Nordostecke des Gebäudes sogar über die Nordwand hinausragen, mittelfristig war daher sogar mit dem Absturz zu rechnen. Bald war auch klar, dass das Innere – von Eis umschlossen – höchstwahrscheinlich so erhalten war, wie es die Soldaten am 3. November 1918 zurückgelassen hatten. Die besonderen Fundumstände dieses geschlossenen

Dokumentationsarbeiten im Außenbereich; im Hintergrund Ortler und Zebrù

Fundkomplexes haben die Erhaltung auch organischer Reste gewährleistet.

Das Amt für Archäologie plante zunächst eine Dokumentation der Umgebung und der Außenhülle der Baracke. In Folge war das Aufschmelzen des Eises im Inneren und die Bergung der Fundstücke vorgesehen. Zudem standen der Abbau und der Abtransport der gesamten Struktur ins Tal als Überlegung im Raum.

Vom Eis freigegebene militärische Strukturen sind für das ehemalige Frontgebiet zwischen Ortler und Adamello nichts Ungewöhnliches. Interessierte können Kriegsstellungen besichtigen, die wesentlich leichter erreichbar und zugänglicher sind als jene an der unwirtlichen Nordwand der Königspitze.

DIE ARCHÄOLOGISCHE GRABUNG

Damals ahnte noch niemand der Beteiligten und Verantwortlichen, für wie viele Jahre sie dieses Projekt von da an begleiten sollte, wie viele schlaflose Nächte folgen, wie viele bürokratische und logistische Hürden noch zu überwinden sein würden. Es sollte noch einige Zeit vergehen, bis man nach 100 Jahren wieder die Gipfelbaracke auf der Königspitze betreten konnte.

Ein Vorhaben dieser Art auf 3860 Meter über dem Meer, an der oberen Kante einer fast 600 Meter hohen extrem steilen Nordwand, fällt völlig aus dem Rahmen dessen, was für eine archäologische Grabung an Regelungen, Vorschriften und Sicherheitsmaßnahmen sonst üblich ist. Die Sicherheit aller Beteiligten stand stets an erster Stelle. Es war eine mehrjährige Aufgabe, das Team so zusammenzustellen und mit allen nötigen Mitteln auszustatten, um mit der nötigen Sorgfalt die Ausgrabung vornehmen zu können.

Im Juli 2015 erfolgte der erste Lokalaugenschein auf der Königspitze durch die vom Amt für Archäologie der Autonomen Provinz Bozen beauftragte Grabungsfirma Arc-Team.

Die gesamte Mannschaft, bestehend sowohl aus Bergführern als auch aus Archäologen, wurde vom Hubschrauber direkt unter dem Gipfel abgesetzt. Wie von den Bergführern bestätigt, war das Eis an der Nordwand in den letzten Jahren deutlich abgeschmolzen: Auch das Dach der Baracke war zum Zeitpunkt des Lokalaugenscheins teilweise schneefrei. Der Hochsommer bot logistische Vorteile durch den schnellen Rückgang der Schnee- und Eisdecke, aber der schmale Gipfelgrat und die hohe Gewittergefahr erschwerten die Arbeiten. Zahlreiche Fundstücke waren bereits vom Eis freigegeben, einige vom drohenden Absturz gefährdet und mussten geborgen werden. Weitere Funde waren in der Zwischenzeit wieder unter einer Neuschneedecke verborgen. Die Königspitze ist bekannt für ihr launisches Wetter und die unberechenbaren Winde, weshalb die Grabungskampagne immer wieder unterbrochen werden musste. Ein Problem, das dieses Projekt vom ersten bis zum letzten Tag begleiten sollte.

Die nächste Aktion war für den 1. September 2015 geplant, um den maximalen Schneerückgang und stabile Wetterbedingungen abzuwarten. Obwohl die Mannschaft samt Ausrüstung bereits vom Hubschrauber am Gipfel abgesetzt worden war, zwang eine plötzliche Eintrübung zum Abbruch.

Nach einer Woche bot sich erneut eine Gelegenheit. Am 8. September gelang es, die gesamte Mannschaft und Ausrüstung bei optimalem Wetter auf den Gipfel zu bringen. Die Gipfelwechte hatte sich bis dahin weiter nach Norden zurückgezogen. Auf diese Weise hatte sich eine ebene Fläche am Übergang von Fels und Eis gebildet. Inzwischen waren aber rund 30 Zentimeter Neuschnee gefallen. Die Witterungsbedingungen ließen Dokumentationsarbeiten im

Der Helikopter bringt Nachschub.

Außenbereich der Baracke zu. Infolge eines plötzlichen Nebeleinbruchs musste der Abtransport der Funde am darauffolgenden Tag vorgenommen werden.

Das Jahr 2016 brachte wieder instabile Verhältnisse und viel Wind, trotzdem gelang es, an der Ostseite der Baracke eine Plattform zu errichten. Über diese konnte durch ein Fenster ein Zugang in das Innere der Struktur geschaffen werden. Zugleich hatte sich das Eis mittlerweile so weit zurückgezogen, dass das Nordosteck der Baracke sich zu senken begann und erste Stützmaßnahmen notwendig wurden.

Von da an war es die jährliche Aufgabe, die Stützen zu erneuern und dafür zu sorgen, dass die Baracke stabil blieb, bis sie so weit ausgeschmolzen war, dass man mit den Arbeiten in den Innenräumen beginnen konnte.

Eine Untersuchung der Baracke am 11. November 2020 zeigte einen weiteren Rückgang des Eises. Das westliche Ende der Struktur war nun deutlich sichtbar und es zeigte sich, dass die Baracke eine Gesamtlänge von 8,6 Metern aufweist. An der Nordfassade fiel auf, dass Stürme weitere Schindeln abgerissen hatten, während einige Fundgegenstände abgestürzt und neue zum Vorschein gekommen waren. Unter der Baracke war schätzungsweise die Hälfte des Eises bereits geschmolzen. Ein Blick durch die Nordtür offenbarte einen Raum mit einem gusseisernen Ofen. Die Archäologen stellten fest, dass die Struktur trotz des Rückgangs des Eises immer noch intakt war, es nahte der Moment, an dem man damit beginnen konnte, das Eis im Inneren der Baracke aufzuschmelzen, um die Funde dokumentieren und bergen zu können.

Die Baracke nach einem Schneefall

Sonnenuntergang mit Blick vom Gipfel nach Westen

Die Schindeln sind äußerst gut erhalten, hinter dem Fenster in der Ostwand zeigt sich bereits ein Ofen.

Am 13. Juli 2022 wurde erneut eine Grabungskampagne in Angriff genommen. Dabei wurden die Stützen erneuert und verstärkt, Spanngurte angebracht und Eisenstangen in den Felsen gebohrt, um die Stabilität der Baracke sicherzustellen. Mittels photogrammetrischer Drohnenaufnahmen wurden die neu ausgeschmolzenen Teile der Außenhülle dokumentiert. Im Inneren begann man zunächst damit, hinter dem Ostfenster und entlang der nördlichen Innenseite des Gebäudes Eis zu entfernen, um eine Entlastung der Baracke von den tonnenschweren Eismassen herbeizuführen. Schnee und Eis wurden vom Dach geräumt. Funde aus dem Inneren der Baracke wurden dokumentiert und geborgen.

Das Team arbeitete unermüdlich unter extremen Bedingungen. Schon im Sommer begleiteten starke Winde, eisige Temperaturen und Schneefälle die Bergungsarbeiten. Die Mannschaft, bestehend aus Archäologen, Alpinisten und Hubschrauberpiloten, setzte modernste Technologie und ihre mittlerweile jahrelange Erfahrung auf der Königspitze ein, um die Herausforderungen des Freischmelzens, der Dokumentation und Bergung der Funde zu meistern.

20 Tage später ergab sich aufgrund überdurchschnittlich hoher Temperaturen erneut die Möglichkeit, die Arbeiten fortzuführen. Inzwischen war das Eis am Grat erneut spürbar zurückgegangen. Auch diesmal konnte das Team aber nicht lange auf dem Gipfel bleiben, denn schnell aufziehender Nebel zwang am Nachmittag zu einem hastigen Rückzug.

Am 24. August 2022 gelang schließlich der entscheidende Wendepunkt in der Umsetzung des Projektes: In der Senke westlich des Gipfels wurde ein Standplatz für ein Biwak auf einem Holzrahmen vorbereitet und im Felsen verankert. Ab nun war es möglich, auch bei nicht optimalem Wetter vor Ort zu bleiben und die tägliche Arbeitszeit wesentlich zu verlängern. Im Biwak können bis zu vier Personen leicht und im Notfall bis zu sechs Personen unterkommen.

Wie so oft brachte schließlich der Herbst dann endlich das ersehnte Wetterfenster, das für das Gelingen dieses so anspruchsvollen Vorhabens notwendig war. Nach mehr als einem Monat Abwesenheit und mehreren Schneefällen zeigte sich die Baustelle wesentlich verändert: Das Biwak lag unter einer über einen

Die Gipfelwechte bedeckt das Dach der Baracke.

Meter mächtigen Schneeschicht, ebenso der Zugang zur Baracke, außerdem befanden sich im Inneren Ansammlungen von Triebschnee. Auf dem Gipfelkreuz wurde eine Wetterstation installiert, die über Internetverbindung mit dem Tal Informationen austauscht. So konnte garantiert werden, dass nur noch geflogen wurde, wenn am Gipfel die Bedingungen entsprechend gut waren.

Zwischen dem 6. und 10. Oktober 2022 wurde auf der Königspitze intensiv gearbeitet. Dabei hat sich gezeigt, dass das Innere der Baracke aus zwei Räumen bestand. Raum 1, im Osten gelegen, war relativ klein, Raum 2 im Westen nahm fast drei Viertel der Baracke ein. Darin befanden sich ein Stockbett mit drei Ebenen, ein Tisch mit Bank und die Kochstelle. Entlang der nördlichen Längsseite des Hauptraumes befanden sich auf und rund um den Tisch zahlreiche Funde. Gezielte Aufschmelzungsarbeiten wurden durchgeführt, um die Funde schadlos zu bergen.

Im Nordosteck von Raum 2 kam ein gemauerter Ofen zum Vorschein, interessante Kleinfunde wie Petroleumlampen, Bücher, ein Kerzenständer und mehrere Gestelle konnten geborgen werden. Eine Rolle Draht an der Nordseite der Westwand deutete auf die Nähe des Telefons hin. Die Funde wurden katalogisiert, Papierfunde eingefroren und die Heizkanonen für die Nächte positioniert, um ständig neue Funde freilegen zu können. Durch das Aufschmelzen konnte an der Westseite von Raum 2 eine Tür entdeckt werden, die einst vermutlich zu einem Eistunnel führte.

Von nun an wurde das thermische Aufschmelzen des Inneren immer mehr forciert, um die empfindlichen Fundgegenstände schonend vom Eis befreien und in originaler Lage dokumentieren zu können. Doch das Aufschmelzen gestaltete sich langsamer als angenommen, da die Objekte an deren Rückseite nur schwer von der warmen Luft erreicht wurden und

SALEWA

Vermessungsarbeiten am Grat, das Wetter schlägt um.

Das Biwak nach frischem Neuschnee

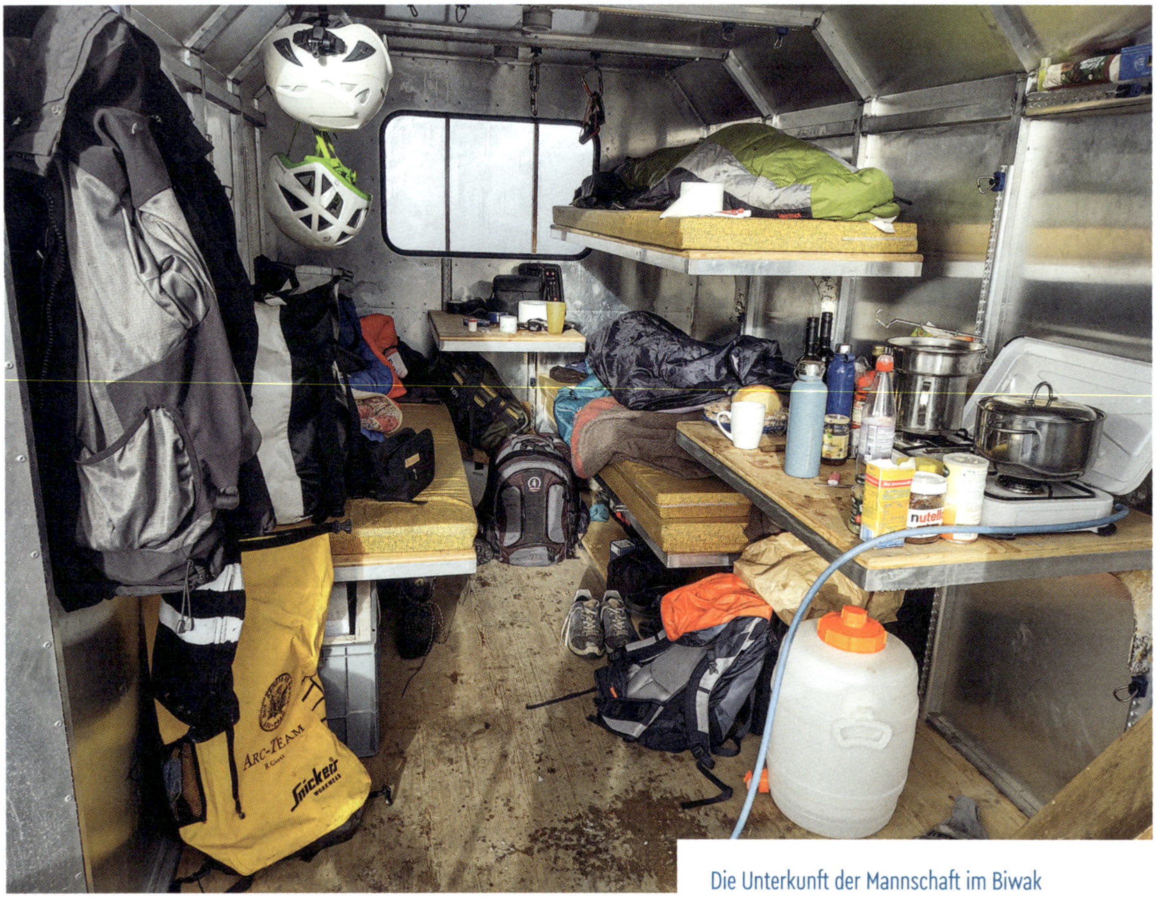

Die Unterkunft der Mannschaft im Biwak

Sturm und Schneetreiben am Gipfel

dementsprechend langsam auftauten. Dasselbe galt für die bodennahen Bereiche, wo der kalte Untergrund das Auftauen erschwerte.

Am 8. Oktober trat ein Wetterumschwung ein, tagsüber gab es leichte Schneefälle und stürmischen Südwind. Vorbereitungen für einen Schlechtwettereinbruch wurden getroffen, die Funde sowie die Ausrüstung wetterfest verpackt. Der 9. Oktober brachte heftigen Sturmwind und etwa 20 Zentimeter Schnee. Unbeeindruckt davon setzte die Mannschaft aber die Arbeiten in der Baracke fort. Immer wieder galt es, auch technische Probleme zu lösen, vor allem bei den Generatoren und Heizkanonen führte die dünne Luft zu Problemen.

Es dauerte schließlich bis zum 11. Oktober, um Raum 1 vom Eis zu befreien. Im Nordwestbereich von Raum 2 wurden bedeutende Funde entdeckt, darunter ein Telefon und Gewehre. Lokale Lieferanten versorgten einst die Truppen im Hochgebirge, wie eine leere Flasche St. Magdalener oder Medikamente aus einer Apotheke in Meran bezeugen.

Eine erneute Wetterverschlechterung zwang zum Abbruch der Grabungstätigkeit. Doch bereits am 17. Oktober konnte die Mannschaft trotz mäßigem Südwestwind wieder auf die Königspitze fliegen.

Bis zum 26. Oktober wurden verschiedene Bergungs- und Dokumentationsphasen durchgeführt. Stürmisches Wetter, Nebel und Schnee behinderten zeitweise die Arbeiten. Trotzdem wurden weitere wichtige Funde, darunter Gasmasken, Schneeausrüstung und persönliche Gegenstände, geborgen. Es lagen teilweise derart viele Gegenstände auf den Ablagen und auf den Liegen der Stockbetten, dass sie Schritt für Schritt entfernt werden mussten, bevor weitergemacht werden konnte. Die Heizkanonen leisteten während der Nächte gute Arbeit und auf den frei gewordenen Flächen zeigten sich am Morgen ständig zahlreiche neue Funde. Besonders hervorzuheben sind ein kleines Holzkästchen, das wohl mit Batterie, Schalter und Glühbirne als Taschenlampe fungierte, sowie zahlreiche Helme, Schneeschuhe und Steigeisen. Zwischen dem Stockbett und der Tür nach Westen lehnten zwei abgebrochene Gewehrkolben noch mit Lederband. Insgesamt wurden über 500 Funde aus der Baracke auf der Königspitze geborgen.

Im Jahr 2023 folgten die Vorbereitungen zur Bergung der Baracke, die Struktur wurde gesichert und verschiedene Szenarien des Abbaus und der Bergung durchgespielt. Gleichzeitig erfolgte die Restaurierung der fachgerecht verwahrten Funde. Vor allem Funde aus Papier wie Briefe, Feldpost, Zeitungen, Bücher und Feldkarten erweisen sich von besonderem historischen Interesse.

2024 wird die in Teile zerlegte Baracke ins Tal transportiert werden. Hier wird sie zusammen mit ihrem Inventar als Mahnmal gegen den Krieg dienen, der sich hoffentlich nie mehr wiederholen wird.

Die Baracke und die darin geborgenen Funde erlauben einen einzigartigen und unverfälschten Einblick in das Leben der Soldaten im Jahr 1918, die auf dem Berggipfel unter extremen Lebensbedingungen und kriegerischen Herausforderungen den Alltag zu meistern hatten.

Die Grabung auf der Königspitze verlangte den Ausgräbern viel ab, besonders die Arbeit in fast 4000 Meter Höhe mit den dazugehörenden Beschwerden (Kopfschmerzen, Übelkeit, Schlaflosigkeit) führte zu einer raschen Ermüdung. Es waren wohl dieselben Erfahrungen wie jene der Soldaten zu Kriegszeiten. Die archäologische Untersuchung der Gipfelbaracke auf der Königspitze war für alle Beteiligten eine Reise in die Geschichte des Ersten Weltkriegs. Die archäologische Freilegung hat eine neue Phase eingeleitet: jene der Konservierung, der Erforschung und der öffentlichen Zugänglichkeit sowie der Vermittlung dieses besonderen kulturellen Erbes.

Schneereifen und Steigeisen am Boden der Baracke

Zahlreiche Funde werden bearbeitet.

Das Innere von Raum 1, an der Wand die Beschriftungen „KSB" für „Königspitzenbaracke" sowie Gasflaschen und Heizkanonen in Raum 2

Ein Fund aus dem Offiziersraum der Baracke auf der Königspitze: Ein gezeichnetes Panorama von der Kreilspitze aus gesehen. In diesem Abschnitt sieht man den Südgrat der Cima Pale Rosse mit den italienischen Stellungen und der Seilbahn. Im Hintergrund der Monte Confinale.

AUSWAHLBIBLIOGRAFIE

Hermann Czant, Alpinismus und Gebirgsfronten im Weltkrieg (1926), S. 213–227

Gunther Langes, Die Front in Fels und Eis (5. Auflage 1974), S. 192 f.

Sonnenaufgang über dem Monte Cevedale

Vita

Vita von Leutnant Haller

Franz Haller hatte sich 1914 als einjährig Freiwilliger zu den 2er-Dragonern gemeldet und erlebte den Schrecken der Blutpumpe der offenen Feldschlachten in Galizien. Eine Bajonettverletzung in einem Nahkampf in den Karpaten 1916 brachte ihm eine Rekonvaleszenz in Meran ein. Genesen bat er um die Versetzung an die heimische Gebirgsfront. Die Ausbildung für den Krieg im Gebirge als Bergführer im Offiziersrang absolvierte er unter anderen zusammen mit Luis Trenker in Kaprun-Mooserboden. Unmittelbar darauf kam er zur Bergführerkompanie 1 am Ortler und blieb dort bis Kriegsende.

Der junge Leutnant ist beeindruckt von den grandiosen, abweisenden Gletscherlandschaften, den bizarren Eishöhlen, aber auch von den nahezu übermenschlichen Leistungen der Soldaten, allen voran der Standschützen. All das hält er mit seiner Kamera fest. Die Bilder aus seinem Archiv sind wie ein kühles, beobachtendes Auge, das uns in die verrückte Welt dieses Krieges führt. Es lässt uns teilnehmen an den Aktionen, an dem surrealen Gleichmut des Alltags in einer menschenfeindlichen Region, wo die Natur stärker ist als der Feind. Natürlich sieht Haller alles aus der privilegierten Sicht des Offiziers, aber den Unbilden der Natur sind einfache Soldaten genauso ausgesetzt wie ein Offizier.

Franz Haller ließ sich nach seiner medizinischen Ausbildung zum Facharzt in Wien und Dresden als Frauenarzt in Meran nieder. Neben seinem Beruf ging er kulturgeschichtlichen Themen nach. Sein Buch „Die Welt der Felsbilder in Südtirol", München 1978, gilt als Standardwerk zu diesem Thema. Dr. Franz Haller verstarb am 12. Mai 1989 an seinem 95. Geburtstag.

Autoren

Sebastian Marseiler

geboren in Schluderns, Südtirol; Literaturstudium in Verona. Vielseitig tätig als Kulturpublizist, Buchautor, Kurator für Daueraustellungen und Drehbuchautor von Dokumentarfilmen für den Bayerischen Rundfunk und die Rai Südtirol. Ein Schwerpunkt seines Schaffens sind Themen über Kunst, Geschichte, Alltagskultur und Landeskunde Südtirols.

Hat in den 1990er-Jahren die wichtigsten Stellungen wie Hohe Schneid, Ortler, Königspitze und Cevedale bestiegen. Autor des Dokumentarfilms „Die Toten im Gletscher", Bayerischer Rundfunk 1994.

Franz Josef Haller

geboren 1948 in Meran. 1974 war er einer der Mitbegründer des Landwirtschaftsmuseums Brunnenburg in Dorf Tirol, promovierte an der Universität Wien in Ethnologie und Kunstgeschichte. Seit fast 40 Jahren als freier Filmschaffender tätig, dazu kommt noch seine Lehrtätigkeit an verschiedenen Hoch- und Oberschulen. 2012 eröffnete er das freie Internetportal mit Bild- und Filmarchiv zur Kulturgeschichte Südtirols: tirolerland.tv.

Rupert Gietl

wurde 1978 in Bruneck geboren. Archäologiestudium in Wien und Mainz. Mitbegründer der Arc-Team GmbH, Cles (TN)/Sexten (BZ) mit den Aufgaben der allgemeinen Verwaltung, archäologische Ausgrabungen und Forschung in Italien und im Ausland. Lehrtätigkeit an der Universität von Innsbruck (2007–2014) und der Universität von Siena (2013–2014). Archäologische Einsätze in Südtirol, Italien, Österreich, Armenien, Georgien und Iran; alpine archäologische Einsätze in Südtirol (u. a. Tisenjoch – Ötzi-Fundstelle); ca. 30 konfliktarchäologische Einsätze entlang der alpinen Frontlinie des Ersten Weltkrieges.

Catrin Marzoli

wurde 1958 in Meran geboren. Doktorat (PHD) der Archäologie und Alten Geschichte an der Leopold-Franzens-Universität Innsbruck, Perfezionamento in Archeologia an der Universität Bologna. Sie ist Amtsdirektorin des Amtes für Archäologie der Autonomen Provinz Bozen-Südtirol, verantwortlich für die Koordinierung und Betreuung der archäologischen Sammlung und der Einrichtung des Südtiroler Archäologiemuseums in Bozen und die Verantwortliche Archäologin am Landesmuseum für Archäologie Schloss Tirol.

Hubert Steiner

wurde 1969 in Mühlwald geboren. Studium der Ur- und Frühgeschichte, Klassischen Archäologie und Kunstgeschichte an der Leopold-Franzens-Universität in Innsbruck, Mag. Dr. phil., 1997–2003 Freier Mitarbeiter des Amtes für Bodendenkmäler Bozen, Forschungsprojekt „Archäologische Untersuchungen am Ganglegg bei Schluderns", 2003 bis 2006 Forschungsassistent am Institut für Ur- und Frühgeschichte der Universität Innsbruck. Seit 2006 Zoneninspektor im Amt für Archäologie, Bozen. Zahlreiche Veröffentlichungen zur Bronze- und Eisenzeit im Alpenraum. Forschungsschwerpunkt: Siedlungsgeschichte, Kult, Hochgebirgs- und Gletscherarchäologie.

Bibliografische Information der Deutschen Nationalbibliothek
Die Deutsche Nationalbibliothek verzeichnet diese Publikation in der Deutschen Nationalbibliografie; detaillierte bibliografische Daten sind im Internet abrufbar: http://dnb.d-nb.de

Bibliografische Notiz
Dieses Buch greift teilweise Texte aus „Zeit im Eis" (Marseiler, Bernhard, Haller) auf, das 1996 bei Athesia erschienen ist.

Bildnachweis
Amt für Archäologie: 10, 32 (r.), 39, 45, 141–169
Franz Angerer: 32 (l.), 70
Sammlung Familie Bauer: 124, 126, 129, 134 (o.), 137
Sammlung Familie Florineth: 82
Wolfgang Gritzner: 24/25
Archiv Franz Josef Haller: Umschlag-Rückseite, 4, 8, 11, 22, 29, 30/31, 33, 34, 40/41, 46/47, 49/51, 54, 58–62, 66, 69, 74–80, 92–97, 99–107, 109–123, 140, 172, 174
Manfred Haringer, Manni's privates Hof-Museum: 28 (o. l.)
Sebastian Marseiler: 12/13, 16–21, 27, 28 (u. r.), 35–38, 42/43, 48, 52/53, 55, 64/65, 67, 72/73, 83, 87, 134 (u.), 174 (o)
Oswald Mederle: 56/57
Museo Pejo „PEJO 1914–1918 LA GUERRA SULLA PORTA":
Umschlag-Vorderseite, 14/15
Ortler Sammlerverein: 68, 86, 89/90, 138
Österreichisches Staatsarchiv: 85
Nachlass Steiner, Kopie im Besitz des Autors: 84

Trotz intensiver Recherche konnten die Urheberrechte nicht in jedem Fall zweifelsfrei geklärt werden. Wir bitten gegebenenfalls um Mitteilung.

Bildbeschreibung
Umschlagvorderseite: Eng geschnürt die Steigeisen für den letzten Angriff. Am Piz Giumella tauten 2004 die Gletschermumien von drei namenlosen Kaiserschützen auf. Diese Front wurde, wie wir auch vom Tagebuch des Standschützen Bauer erfahren, von Pejo und Ponte Vecchio aus versorgt.
Umschlagrückseite: Im Spaltenlabyrinth unter der Ortlerspitze
Vorsatz: Grüße aus der Heimat, an die Barackenwand gepinnt. Hinterer Madatsch 1996
Nachsatz: Das Basislager für die Cevedale-Front auf Zufall versinkt unter sechs Metern Schnee. Winter 1916

1. Auflage 2024

Italienische Ausgabe: „Storia nel ghiaccio"

Design & Layout: Athesia-Tappeiner Verlag
Bildbearbeitung: Typoplus, Frangart
Druck: Florjančič, Maribor
Papier: Innenteil und Vorsatz Maestro Print

Gesamtkatalog unter
www.athesia-tappeiner.com

Fragen und Hinweise bitte an
buchverlag@athesia.it

ISBN 978-88-6839-763-0
ISBN 978-88-6839-766-1 (italienische Ausgabe)

MIX
Papier | Fördert gute Waldnutzung
FSC® C106954

Dieses Buch wurde der Umwelt zuliebe nicht mit einer Schutzfolie eingeschweißt.